해시태그#융합수업

해시태그#융합수업

초판 1쇄 발행 2024년 3월 25일

지은이 강수정, 김기수, 현진원, 이택환, 윤수영, 고남경
펴낸이 박찬영
편집 권은영
디자인 박민정
마케팅 조병훈, 박민규, 최진주, 김도언

발행처 리베르
주소 서울특별시 성동구 왕십리로 58 서울숲포휴 11층
등록신고번호 제2013-17호
전화 02-790-0587, 0588
팩스 02-790-0589
홈페이지 www.liber.site
커뮤니티 blog.naver.com/liber_book(블로그)
e-mail skyblue7410@hanmail.net

ISBN 978-89-6582-365-0(43300)

리베르(Liber 전원의 신)는 자유와 지성을 상징합니다.

해시태그#융합수업

강수정 · 김기수 · 현진원 · 이택환 · 윤수영 · 고남경

리베르

머리말

맹인들이 모여서 코끼리를 만지며 코끼리의 생김새에 대해 이야기합니다. 둥글고 단단한 원기둥, 길쭉하고 주름이 많은 호스, 넓고 팔락거리는 부채, 편평하고 넓은 벽……. 부분에 한정하면 각자의 말에 일리가 있지만, 전체적으로 보면 모두 틀리다고 할 수도 있지요.

갈수록 디지털 세상의 맹인이 늘어나고 있는 것 같아요. 정보 사회가 되면서 진짜인지 가짜인지 모를 뉴스가 넘쳐나고, 서로 자기가 아는 것만 진실이라고 우기는 사람들이 많아지고 있어요. 게다가 디지털 세상의 맹인들은 고집이 세고, 남의 말을 귀담아듣지도 않아요.

학교에서 수업할 때도 마찬가지예요. 우리는 보이는 벽과 보이지 않는 벽에 가로막혀 있어요. 보이는 벽은 교실과 교실 사이에 놓여 있고, 보이지 않는 벽은 우리 마음속에 놓여 있지요. 학교에서 각 교과 선생님들은 자신의 독자성을 살리며 수업을 진행합니다. 서로의 수업은 잘 모르고, 자신의 수업을 공개하는 것은 부담스럽지요. 학생들은 여러 교과를 배우지만 각 지식을 스스로 융합하기는 어려워해요. 흩어져 있는 지식을 하나로 모아 융합적으로 사고하려면 훈련이 필요하거든요. 그렇다면 학생들에게 융합적 사고를 가르치기 위해 선생님들이 먼저 훈련해 봐야 하지 않을까요?

우선 세종시 보람 고등학교에서 근무했던 국어, 미술, 역사, 지리, 윤리, 일반사회 선생님이 함께 모였습니다. 우리는 한 달에 한 번씩 모여 여섯 개의 주제를 정해 함께 이야기하고 글을 썼어요. 좀 더 따뜻하고 나은 세상이 되기를 희망하며 활동들을 계획해보기도 했고요. 각 교과 선생님이 같은 주제를 서로 어떻게 바라보는지, 그 주제를 어떻게 융합해서 수업할 수 있을지 고민했어요. 여러 색깔의 안경으로 세상을 보려는 시도이기도 했지요.

고등학교 수업은 입시에 얼마나 '값어치' 있는 수업인가로 평가받곤 해요. 하지만 지나치게 실리만 따지면 그 수업이 '값어치'는 했을지 몰라도 '가치' 있는 시간은 되기 어려울 거예요. 이 책은 선생님과 학생 들의 삶을 의미 있게 만들어 줄 '가치'에 대해 생각하고, 그것을 수업에서 배울 수 있도록 노력한 산물이에요. 우리는 서로 다른 시각이 주는 즐거움과 새로움을 느꼈고, 이를 통해 융합적 사고의 필요성을 체험했답니다.

또한 이 책은 하나의 대상을 바라보는 다양한 관점을 소개하는 책이기도 해요. 책을 읽으며 다양한 관점이 존재한다는 것을 이해하고, '다름'을 '분쟁의 씨앗'이 아니라 '협력의 자양분'으로 인식할 수 있는 계기가 되었으면 좋겠습니다.

지은이 씀

차례

#거리 두기

#무지성

#가상과 현실

#파편화

사람들은 이제 어떤 현상이든 하나의 정답이 있다고 믿지 않습니다. 각자의 방향대로 생각하고 움직이다 보니 마치 여러 조각으로 나누어지듯 기존 질서에서 이탈하려는 경향이 강해졌어요. 이런 현상은 여러 가지 문제점을 일으키고 공동체를 약화해요.
나와 우리, 주변의 모습은 어떤 모습으로 파편화되어 있을까요? 쪼개진 사회를 이어 붙이기 위해 함께 고민해 봅시다.

○ 파편화된 지식을 넘어서 #윤리

○ 지식의 파편화와 협력의 필요성 #사회

○ 나누어진 사회 그리고 연합 #역사

○ 각자도생하는 도시에서의 삶 #지리

○ 조각난 서식지 위에서 죽어 가는 우리 #국어

○ 쪼개고 붙여 연결되는 나전칠기 #미술

#윤리 #파편화

파편화된 지식을 넘어서

현대인에게 없어서는 안 될 소중한 친구가 있어요. 그 친구가 없으면 우리는 너무 심심하고, 세상과 연결된 끈을 놓아 버린 듯 헛헛한 마음이 들어요. 그 친구는 눈을 뜰 때부터 감을 때까지 항상 우리와 함께해요.

그 친구의 이름은 스마트폰이에요. 스마트폰은 우리의 의식을 끝없이 자극해요. 늘 새롭고 재미있는 영상과 소식으로 우리의 관심을 사로잡고, 우리의 관심은 이곳에서 저곳으로 계속 옮겨가지요. 여기저기 정신없이 팝콘이 터지듯 팡팡 터지는 재미난 소식은 우리의 뇌와 의식을 계속해서 자극해요.

스마트폰 속 세상에서는 하고 싶은 말을 아주 짧게 전해야 주목받을 수 있어요. 1분 남짓한 '쇼츠(Shorts)'가 최근 유행하는 것처럼 말이에요. 우리가 영상이나 글에 집중하는 시간은 점점 짧아지고 있거든요.

흥미롭고 자극적인 정보가 넘치는 정보화 사회에서 우리의 의식은 파편화된 지식을 습득하는 데 적응하게 되었어요. 콘텐츠 길이가 길면 집중력이 흐트러지지요. 두 시간짜리 영화를 5~10분 동안 리뷰해 주는 영상도 인기가 많아요. 그 안에서 우리는 분절적으로 정보를 얻는답니다.

어느 날 맹인들이 모여 코끼리를 만졌어요. 엉덩이를 만진 맹인은 코끼리가 '평평하다.'라고 말하고, 코를 만진 맹인은 코끼리가 '길쭉하다.'라고 말했어요. 다리를 만진 맹인은 코끼리가 '원기둥'이라고 말했지요. 누구의 말이 맞나요? 부분에 초점을 두면 각자 맞는 말을 했지만, 전체로 보면 틀린 말인 셈이에요.

혹시 우리는 디지털 세계의 맹인이 아닐까요?

'나무를 보는 눈'과 '숲을 보는 눈'이 있어요. 누렇게 시든 나무만 보고 숲이 시들었다고 말하거나 아름답고 화려한 나무만 보고 숲의 모든 나무가 근사하다고 말하는 것은 '나무를 보는 눈', 즉 부분적으로 보는 눈에 불과해요. 숲만 보고 각각의 나무에 무관심한 것은 '숲을 보는 눈'이에요. 이 또한 진리의 한 부분만 보는 눈이지요.

'나무를 보는 눈'과 '숲을 보는 눈'을 모두 가지고 있어야 전체적인 진리를 바라볼 수 있어요.

'나무를 보는 눈'과 '숲을 보는 눈'을 모두 가진 사람을 통찰력 있는 사람이라고 해요.

장자는 "여름벌레는 얼음을 알려 줘도 알지 못하고, 우물 안 개구리는 바다를 알려줘도 알지 못한다."라고 말했어요. 여름벌레와 개구리처럼 짧은 지혜를 가지고 있는 사람은 큰 지혜를 알려 줘도 알지 못하고 자기 생각만 맞는다고 주장하며 편견과 선입견에 빠진다는 뜻이지요.

우주라는 넓은 공간 속에 인간이 살아가는 공간은 한 점에 불과해요. 그리고 역사라는 긴 시간 속에 인간의 생은 짧은 순간에 불과하지요. 인간이 모든 지혜를 다 안다는 것은 불가능해요. 하지만 우리가 아는 지식이 부분에 불과하다는 것을 인정하고, 다른 사람들의 말에 귀를 기울인다면 큰 지혜에 다가갈 수 있어요.

맹인들이 모여 각자 알고 있는 코끼리의 모양을 모자이크처럼 그려 간다면 작은 지식에서 큰 지혜로 나아갈 수 있어요.

조각조각 알고 있는 파편화된 지식을 모아서 전체적인 진리로 나아가기 위해서는

다른 사람들의 의견을 열린 마음으로 듣는 자세가 필요하겠지요. 자신이 알고 있는 것이 전부가 아니라는 겸손의 마음 또한 필요해요.

고대 그리스의 철학자 소크라테스는 참된 진리를 알기 위해서 '무지를 자각'해야 한다고 말했어요. 자신이 무언가를 모른다는 사실부터 인정해야 한다는 것입니다. 내가 알고 있는 것이 작은 지식이며 더 큰 지혜를 알기 위해서는 많은 사람과 열린 마음으로 의견을 교환하고, 하나의 사안도 다각적으로 바라볼 수 있어야 해요.

이 책에서 하나의 주제를 다양한 교과의 시각으로 바라보는 것도 이런 노력 중 하나라고 할 수 있어요. 즉, **더 큰 지혜로 나아가기 위한 첫걸음**이지요.

• 탐구 활동

◦ **같은 사건인데 서로 다른 시각으로 작성한 기사를 찾아보세요.**

예 코로나19 바이러스 백신에 대한 상반된 기사 내용

#사회 #파편화

지식의 파편화와 협력의 필요성

미국의 SF 소설 작가 아이작 아시모프가 남긴 유명한 말이 있어요.

"고도로 발달한 과학은 마법과 구분할 수 없다."

과거에 살았던 사람이 현대 사회로 왔다고 생각해 보세요. 우리가 스마트폰을 이용해 멀리 떨어진 사람과 이야기하는 모습, 내일 날씨를 앉은 자리에서 확인하는 모습을 본다면 어떤 생각을 할까요?

과거에 살았던 사람이 가진 지식으로는 스마트폰이 어떤 원리로 작동하는지 알 수 없으니 정말 마법처럼 보일 거예요. 현대 사회를 살아가는 우리도 현대 과학 기술의 원리를 모두

이해하지는 못해요. 기본적인 과학 지식을 바탕으로 스마트폰이 마법이 아니라 과학 기술로 작동한다는 것만 알고 있을 뿐이에요.

스마트폰을 만드는 사람들조차 스마트폰을 만드는 데 필요한 모든 지식을 완전히 알지는 못해요. 자신이 맡은 부분만 제대로 알고 있을 뿐이지요. 따라서 스마트폰을 만드는 지식은 파편화되어 있다고 이야기할 수 있어요.

고대에는 지금처럼 지식이 파편화되지 않아서 하나의 학문에 여러 가지 분야가 모두 포함되어 있었어요.

예를 들어 'art'라는 단어를 보면 우리는 예술을 먼저 떠올리지만, 고대 그리스에서 'art'는 예술뿐만 아니라 기술, 의학 등의 분야를 포함했어요. 고대 그리스의 철학자들은 혼자서 다양한 학문 분야를 연구하기도 했고요.

우리는 아리스토텔레스를 철학자라고 알고 있지만, 아리스토텔레스는 철학뿐만 아니라 물리학, 생물학, 정치학 등 여러 학문을 연구했어요.

현대 사회로 올수록 사회가 복잡해지면서 지식은 파편화되었어요. 하나의 학문 분야가 세분화되며 여러 학문으로 새롭게 나누어졌지요.

'박사'의 '박(博)'은 '넓다.'라는 의미예요. 하지만 현대 학문 분야에서 박사는 지식을 넓게 아는 사람이 아니라 한 분야에 대해 전문적인 지식을 가진 사람을 말해요.

학문이 세분화되다 보니 공부를 많이 한 박사도 자신의 분야 말고 다른 분야에 대해서는 잘 알 수 없게 되었어요.

소설이나 만화를 보면 과거로 돌아가거나 다른 세계로 간 인물이 자신이 원래 있던 현대 세계의 문물을 만드는 모습이 나오기도 해요.

하지만 현대의 지식은 파편화되어 있고 작업은 분업화되어 있기에 소설이나 만화 속 인물처럼 현대 세계의 문물을 혼자서 만드는 것은 사실상 불가능한 행동이에요. 만약 아무것도 없이 다른 세계에 혼자 뚝 떨어진다면 우리는 몹시 막막하겠지요.

우리에게 익숙한 게임을 예로 들어 생각해 볼까요?

게임이 등장한 초창기에는 게임 제작에 필요한 기술이 세분화되지 않아서 혼자서 게임을 만드는 것이 가능했어요. 현재는 게임을 만들려면 기획, 스토리, 그래픽, 사운드, 프로그래밍, 밸런스 디자인, 성우 등 다양한 분야의 전문가가 필요해요. 어느 개인이 각 분야를 전문가처럼 수행하는 것은 불가능하지요.

게임뿐만 아니라 현대 사회에서 대부분의 일은 분업화되어 있어요. 우리가 먹는 음식, 우리가 사용하는 물건도 여러 사람의 분업을 통해 만들어져요.

누군가는 분업이 작업의 효율을 높이기 위한 합리적 방법이라고 이야기해요. 다른 누군가는 분업에서 나타나는 반복 작업이 인간을 기계의 부품처럼 만들어 인간성을 상실하게 만든다고 비판해요.

하지만 지식이 파편화된 시대에 분업과 협력은 사회의 필수 작동 원리가 되었어요. 혼자 모든 것을 알고, 혼자 모든 것을 하기가 불가능한 시대이기 때문입니다.

우리가 서로 이어지지 못하고 고립된다면 각자가 가진 파편화된 지식은 연결되지 않고, 우리는 결국 아무것도 할 수 없을 거예요.

마치 개인주의가 극도로 심해져 서로 만나지 않고 생활하다가 서서히 몰락하는 SF 소설 속 인류의 모습처럼 말이지요.

• 탐구 활동

◦ 하나의 물건을 선택한 뒤 그 물건을 이루고 있는 구성 요소를 분석해 보세요. 각 구성 요소가 만들어지기 위해 필요한 노력들(재료, 기술 등)에는 무엇이 있는지 살펴보세요.

#역사 #파편화

나누어진 사회 그리고 연합

우리 주변에는 수많은 공동체가 있어요.
각 공동체의 분위기는 극과 극이랍니다.

학교, 학급, 친구 등 아주 많은 공동체는 새롭게 탄생했다가 사라지곤 해요. 그 안에서 인간은 한 명의 개인인 동시에 공동체의 일원으로 살아요. 공동체는 인간이 사회적 동물이라는 어느 철학자의 격언을 그대로 보여 주지요.

하지만 최근, 사람들은 점점 공동체라는 가상의 끈을 놓으려고 하는 것 같아요. 2019년 발생한 코로나19 바이러스가 원인이라고 볼 수도 있지만, 문명이 점점 발전하기 때문이 아닐까 싶어요.

분열된 공동체는 마치 깨진 유리 조각 같아요. 하나였다가 파편화된 공동체는 어떻게 변화할까요? SF 소설 속 인류의 모습처럼 말이에요.

공동체를 설명하기 전, 사자성어를 하나 소개해 볼게요. '연못에 술을 가득 채우고, 고기를 마음껏 먹는 모습'이라고 하면 어떤 사자성어가 떠오르나요?

주지육림(酒池肉林)

위 사자성어와 관련된 옛날 중국 이야기 하나를 들려줄게요.

오래전 중국에서 상나라라는 공동체가 탄생했어요. 상나라는 탕왕이 기존의 하나라 기록상 중국에서 가장 오래된 왕조이다. 걸왕을 물리치고 건국한 나라예요.

처음에는 그렇지 않았지만, 상나라 마지막 왕인 주왕 때 이르러 나라가 점점 혼란스러워졌어요. 게다가 주왕은 달기라는 여인과의 쾌

락에만 몰두했지요. 상나라 공동체는 점차 와해되어 갔답니다. 명나라 때 쓰인 『봉신방』 상나라 주왕과 주나라 무왕의 싸움을 그린 소설인데, 『봉신연의』 또는 『상주열국전전』 등으로도 불린다. 등의 중국 고전 소설을 참고하면 이런 모습을 잘 알 수 있어요.

주왕은 수많은 재물을 모아 창고에 쌓아 두었고, 궁궐을 확장하거나 사냥을 즐겼어요. 또한 연못에 술을 가득 채우고 고기를 마음껏 먹었지요. 신하들에게는 일부러 예의 없는 행동을 시키거나 뜨겁게 달군 구리 기둥 위를 걸어가라고 명령하기도 했어요. 간언하는 신하는 가차 없이 죽였고요. 여러분은 주지육림을 포락 불에 달구어 지진다는 뜻이다. 의 형벌이라고 알고 있겠지요. 주왕의 폭정 아래 사람들은 하나로 뭉치기보다 각자 살길을 찾았답니다.

기존 사람들이 만든 공동체가 깨졌네요.

이 공동체를 어떻게 해야 할까요? 깨진 것을 이어 붙여야 할까요, 아니면 새로운 공동체를 만들어야 할까요?

이미 깨진 조각을 붙이기는 어렵다고 생각한 사람들은 새로운 공동체를 만들기 위해 움직였어요. 대표적인 인물로 기존 상나라 제후 봉건 시대에 일정한 영토를 가지고 그 영내의 백성을 지배하는 권력을 지닌 사람을 말한다. 였던 희발을 꼽을 수 있어요. 그는 제후 800여 명을 모아 상나라 토벌을 시작했고, 주나라를 세운 뒤 무왕이 되었지요.

이 시기 여러분이 알 만한 인물로는 강태공이 있어요. 강태공은 세월을 낚으며 유유자적 살다가 상나라 토벌에 큰 공을 세웠어요. "엎질러진 물은 주워 담을 수 없다."라는 말로도 유명하지요.

▲ 주나라 무왕

▲ 강태공

물론 깨진 유리 조각을 다시 붙여 보려는 움직임도 있었어요. 혹시 『사기』 중국의 대표적인 역사서 중 가장 오래된 책인데, 전근대 동아시아 역사서 서술의 기틀을 마련했다. 에 적힌 '백이와 숙제' 형제의 이야기를 알고 있나요?

백이와 숙제 형제는 상나라를 공격하러 가는 주나라 무왕에게 목숨을 걸고 이야기해요. "신하인 제후로서 천자를 치려는 것은 잘못되었다."라고 말이에요. 결국 주나라가 상나라를 멸망시키고 천하를 얻자 형제는 수양산에 올라가 죽을 때까지 고사리를 먹으며 살았다고 해요. 이는 공동체의 불화를 막으려는 움직임이었어요. 백이와 숙제의 일화에 대해 여러분은 어떻게 생각하나요?

목야 중국 허난성 남서부에 위치한 고대 지명. 주나라가 상나라를 멸망시킨 목야 전투가 벌어진 곳이기도 하다. 에서 벌어진 전투를 끝으로, 상나라 주왕은 자신이 재물을 모아 놓은 녹대(鹿臺)에서 죽었답니다. 사람들이 연합한 덕분에 세상의 혼란을 수습하고 평화로운 공동체가 다시 나타났어요. 하지만 시간이 흐르자 주나라 역시 몰락의 길을 걸었어요. 정치에 대한 불만으로 내란이 일어나 신하들을 중심으로 소위 '공화' 시대 주나라 여왕의 공포 정치에 백성들이 대항하자 여왕이 도망가 왕 없이 두 제후가 함께 정치를 한 시대. 또는 공나라 제후 화가 왕의 업무를 대행한 데서 '공화'라는 말이 유래했다고 한다. 현대에는 '대표로 선출된 사람이나 기관의 의사에 따라 주권이 행사되는 정치'를 의미한다. 가 열리기도 했답니다.

주나라 마지막 왕인 유왕은 포사라는 여인을 위해 왕비와 태자를 내쫓고, 그녀를 웃게 하려고 값비싼 비단을 마구 찢기도 했지요. 사람들은 유왕의 행동에 불만을 가졌고, 결국 주나라는 혼란에 빠졌어요.

▲ 포사

여러분은 양치기 소년 이야기를 알고 있지요? 유왕과 포사의 폭정 중 '봉화 긴급할 때 모이라는 연락 체계이다. 를 계속 장난치듯 올렸다.'라는 내용이 있어요. 포사가 웃는 모습을 보기 위해 유왕이 일부러 장난을 쳤거든요. 한 나라의 왕이 자신과 자신이 총애하는 여인의 쾌락을 위해 국가 체제를 뒤흔드는데, 누가 그를 신뢰하고 하나로 뭉치려고 할까요? 양치기 소년 이야기에서도 사람들은 점차 소년의 말을 믿지 않았지요. 결국 소년은 진짜 위험에 처했을 때 도움을 받지 못했고요.

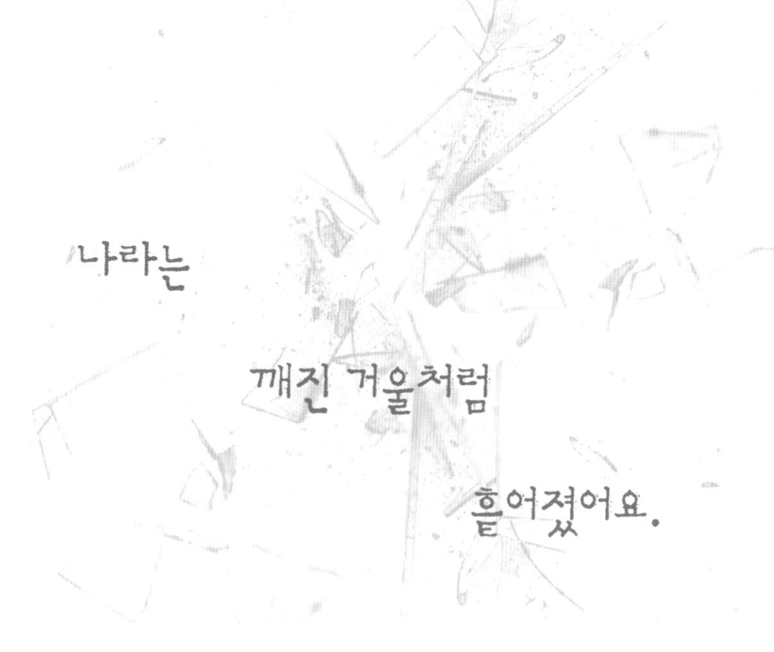

이때 견융족을 비롯한 이민족과 반란군이 주나라의 수도를 침략했어요. 유왕이 봉화를 올려 도움을 요청했지만 병력은 거의 오지 않았고요. 그동안 거짓으로 봉화를 올린 탓이었지요.

어렵게 뭉친 공동체가 파편화된 결과는 국가의 멸망으로 이어졌습니다.

위기 상황에서 사람들은 다시 한번 연합했어요. 여러 제후가 연합해 견융족을 쫓아내고, 수도를 동쪽으로 옮겨서 다시 주나라를 세웠지요. 이 시대를 동주(東周) 시대 또는 춘추 전국 시대라고 해요. 예전처럼 왕의 권력이 강하지 않은 상태에서 200여 명의 제후가 난립하는 시대였답니다. 다툼 속에서 혼란이 지속되고, 혼란 속에서 통일의 움직임이 나타나면서 200여 명의 제후는 7개 국가로 줄어들었어요. 그중 진나라의 시황제가 중국 최초로 통일을 이루었고요.

역사 속에서 하나의 공동체가 흩어진 사례는 무수히 많아요. 사람이 홀로 설 수 없어 공동체를 세우지만, 다양한 상황으로 인해 공동체가 흩어지기도 해요. 사람들은 흩어진 공동체를 다시 세우기 위해 노력하고 연합하며 회복을 추구하는 과정을 밟지요.

주나라의 건국과 멸망 그리고 재건 과정처럼
반복되는 역사 속에서
현재 우리는 어떤 의미를 찾을 수 있을까요?

• 탐구 활동 

- 공동체의 붕괴와 재건은 역사의 흐름에 따라 어쩔 수 없이 일어나는 일인지 생각해 보세요.
- 공동체가 붕괴되고 재건된 사례를 통해 위험 없이 공동체를 재건할 수 있는 방안을 이야기해 보세요.

#지리 #파편화

각자도생하는 도시에서의 삶

우리는 대부분 도시에서 태어나 도시에서 살아가요. 우리나라의 도시 지역 인구 비율은 1970년 50.1%를 기록한 이래 1980년 68.7%, 1990년 81.9%, 2000년 88.3%, 2019년 91.8%로 꾸준히 증가 추세를 보이고 있어요.

어떤 힘이 사람들을 도시로 끌어올까요?

미국의 하버드 대학교 경제학과 교수 에드워드 글레이저가 쓴 『도시의 승리』에 따르면, 도시는 인재와 기술, 아이디어와 같은 인적 자원을 한곳에 끌어들임으로써 혁신의 중심지로 부상한다고 해요. 이질적인 구성원들의 다양성이 혁신의 가장 중요한 요소이며 도시와 국가의 번영을 위해서는 다양한 구성원들을 끌어들이고 서로 협업하게 하는 정책이 필요하다는 내용이에요.

현재 우리나라 도시의 현실은 어떤가요? 사람들은 도시에서 아이디어를 공유하고 상호 작용하며 혁신을 이루고 있나요?

아닌 것 같아요. 도시에서의 삶은 공유 정신을 잃었어요. 사람들은 치열한 경쟁 속에서 생존하기 위해 각자도생만을 유력한 키워드로 삼았지요. 저성장이 원인이기도 하겠지만, 효율성만 추구하는 신자유주의적 가치가 도시 공간을 파편화하고 개인들을 고립시켰어요.

젠트리피케이션 도심 인근의 낙후 지역이 활성화되며 외부인이 유입되고 원주민이 밀려나는 현상이다. 도 이런 맥락에서 생각해 볼 수 있어요. 사람들의 협력과 연대를 통해 거리가 활성화되고 주목받기 시작하면 임대업자들은 임대료를 올리려는 욕심으로 거리의 색깔을 빼앗아요.

불평등과 사회적 배제가 심화되는 상황에서 모두를 위한 도시, 사람과 사람이 연결되는 도시를 만들기 위한 노력이 필요해요.

신자유주의적 경제 구조가 발달한 세계 도시일수록 도시 공간의 파편화와 상하위 계층 간 공간적 분리가 심해지고 있어요. 공원, 문화 시설, 교육 등 기초 생활 인프라 생산이나 생활의 기반을 형성하는 중요한 구조물. 도로, 철도 등의 산업 기반 구조물과 학교, 병원 등의 생활 기반 구조물이 있다. 의 양극화 현상도 심각하지요. 이를 해결하려면 어떻게 해야 할까요?

우선 국가는 사회 통합을 위해 중요한 공유 공간을 확보해야 해요. 파편화 및 단절된 공간들을 연결하는 정책도 적극적으로 시행해야 하지요. 서울 전역의 숲, 공원, 정원, 녹지 등 '초록'을 유기적으로 연결하는 서울시의 '초록길 프로젝트'처럼 말이에요.

이뿐만 아니라 구도심과 신도심 사이에서 발생하는 물리적 단절을 극복하고 주민 의식과 소속감을 느낄 수 있는 지역 공동체 거점이 필요해요. 도시 재생 사업에서는 이를 적극적으로 실행해야 하고요.

프랑스의 도시학자 앙리 르페브르는 인간의 삶을 회복하는 일상 공간에 주목했어요. 그는 공동체가 어울리며 함께 일상을 공유하는 공간이 필요하다고 주장했습니다.

현재 우리가 사는 마을 공동체에 연령, 성별, 인종과 상관없이 모두가 어울릴 수 있는 공간이 확보되어 있는지, 삶의 활기가 느껴지는지 생각해 볼 시점이에요.

도시의 지속 가능성과 혁신을 위해서 가장 필요한 것은 사람이에요.

사람과 사람 사이를 연결하기 위해서는 다양한 도시 공간이 필요한데, 지역 구성원 간의 공동체를 해체하는 도시 개발은 지양해야 해요.

여러분은 어떤 도시에서 살고 싶나요?

• 탐구 활동

◦ **현재 여러분이 사는 지역에서 가장 필요한 공유 공간은 무엇일지 고민해 보세요.**

#국어 #파편화

조각난 서식지 위에서 죽어 가는 우리

김민혜 작가의 「울음소리」라는 소설을 읽어 보았나요? 「울음소리」에서 우리는 인간들의 공동체를 이루는 데만 집중할 것이 아니라 동물, 식물, 미생물 등 다양한 생물과의 공생을 통해 온전한 전체를 이룰 수 있도록 노력해야 한다는 깨달음을 얻을 수 있어요.

지금 지구는 인간의 무자비하고 폭력적인 행위 때문에 다양한 생물이 살아가지 못하는 환경으로 변하고 있거든요.

「울음소리」의 줄거리

주인공 '나'는 아파트 부지를 매입하고 건설하는 일을 맡고 있다. 하지만 그 부지가 멸종 위기종 맹꽁이 서식지라는 것을 알게 되자 아파트도 짓고 맹꽁이 생태 공원도 만들어 맹꽁이 서식지를 보존하고자 한다.

맹꽁이 생태 공원을 앞세운 아파트 분양이 성공적으로 이루어지고 시공이 시작되지만, 맹꽁이들은 자꾸만 죽어 간다. 일반 부지인 일지천을 맹꽁이 서식지로 조성한 뒤 맹꽁이들을 그곳으로 옮겨 봐도 마찬가지이다. 생태 공원 실패와 계약 위반을 빌미로 청약자들의 계약금과 불입금 반환 요구가 빗발치자 회사는 부도나고, '나'는 고시원에 숨어 산다. 그러던 중 아파트 개발지를 인수한 행복 건설의 장우건 대표가 '모두에게 미안하고 죄스럽다. 또한 맹꽁이한테.'라는 유서를 남긴 채 스스로 목숨을 끊는다.

비로소 '나'는 맹꽁이가 환경 변화에 적응하지 못해 떼죽음을 당한 원인이 자신에게 있음을 깨닫는다.

「울음소리」의 주인공 '나'는 '인간의 마음이 머무는 곳, 마음과 영혼의 빛이 살아 숨 쉬고 안식할 수 있는 공간'을 바랍니다. 동시에 환경 변화에 적응하지 못하고 떼죽음을 당한 맹꽁이가 자신과 다르지 않다는 사실을 깨달아요.

맹꽁이와 같은 생물에게도, 인간에게도 안식할 수 있는 공간은 어떤 모습이어야 할까요?

1998년 미국 자연사 박물관에서 세계 지식인들을 대상으로 설문조사를 진행했습니다. '지금 이 순간 인류를 위협하는 가장 심각한 문제는 무엇인가요?'라는 질문에 압도적으로 많은 사람이 생물 다양성 감소를 지적했다고 해요. 하지만 이 문제는 여전히 해결되지 않았고, 생태계 다양성은 심각한 수준으로 파괴되고 있어요.

참고로 생물 다양성이란 일정 지역 내에 다양한 종이 있는지, 종내에는 다양한 유전자가 있는지, 이들이 서식하는 생태계가 다양한지 등을 포괄적으로 이르는 말이에요.

생태계 다양성이 파괴된 데는 외래종 침입이나 기후 위기 등 다양한 원인이 있지만, 인간에 의한 서식지 파괴와 그로 인한 서식지 파편화를 주요 원인으로 꼽을 수 있답니다.

예를 들어 아프리카에는 과거 유럽 열강이 남긴 울타리가 많이 남아 있어요. 식민지 간 경계를 나누기 위한 울타리, 동물들을 밀렵꾼이나 사람으로부터 분리하기 위해 설치한 울타리 등이지요. 이로 인해 동물들의 서식지가 연결되지 못하고 분리되거나 고립되면서 서식지 파편화가 일어났어요. 동물들은 고통받고 있고요.

예를 들어 코끼리는 매일 많은 양의 물을 섭취해야 하는 동물이에요. 기후 위기로 아프리카에 심각한 가뭄이 발생하자 코끼리들은 물을 찾아 이동해야 했습니다.

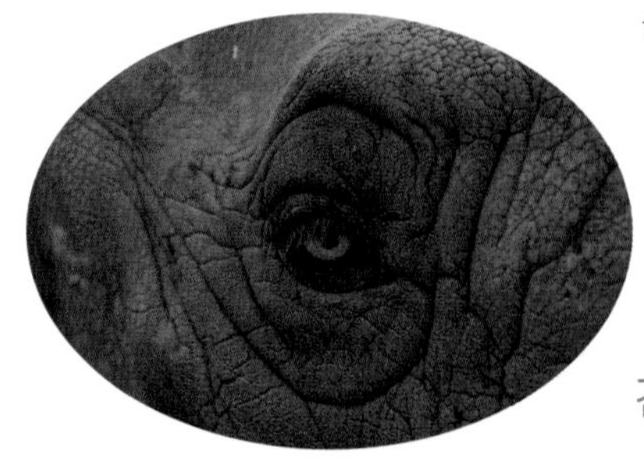

하지만 코끼리들은 수많은 울타리로 인해 이동하지 못하고 고립된 채 죽어가고 있어요. 즉, 코끼리들이 안식할 수 있는 공간은 없는 셈이지요.

우리나라의 경우도 심각해요. 도시가 확대되자 도로가 설치되었고, 인간을 위한 등산로나 탐방로가 많이 생기면서 **생태계 서식지를 조각조각 나누는 일**이 벌어졌답니다.

동물들의 입장도 살펴볼까요?

예전에 동물들은 기후가 알맞은 지역을 찾거나 종족 번식을 위해 이동해야 할 때 마음껏 달려서 서식지를 옮겼습니다. 하지만 이제 동물들에게 이동의 여정은 목숨을 걸고 사투를 벌여야 하는 과정이 되었어요.

동물들은 이동 중 자동차에 치여 죽기도 하고, 물을 찾아 헤매다가 콘크리트로 만들어진 수로와 배수관에 가로막히기도 해요. 새들은 사람들이 만든 방음벽에 부딪혀 죽기도 하고요.

한국 도로 공사의 통계에 따르면, 우리나라 고속도로에서 일어나는 로드킬 동물이 도로에 나왔다가 자동차 등에 치여 죽는 일을 말한다. 은 한 해 평균 2000건에 달합니다. 그중 90%의 동물은 현장에서 즉사한다고 해요.

이들은 이제 어디로 어떻게 이동해야 할까요? 이들이 안식할 수 있는 공간은 어디에 있을까요?

호주의 어느 국립 대학교 연구진은 서식지 파편화의 문제를 해결하기 위해 **생태 통로**가 필요하다고 이야기해요.

1998년 이후 우리나라에도 전국에 500곳이 넘는 생태 통로가 설치되었어요. 하지만 생태 통로라는 이름만 붙여 두었을 뿐, 인간의 편의대로 공간을 활용하기도 해요. 생태 통로를 사람들이 이용하는 쉼터 또는 등산로로 조성하거나 보도블록을 깔고 운동 기구를 설치하는 등 인간을 위한 공간으로 조성한 사례가 있거든요.

인간도 생물이라는 점을 우리 모두 자각할 때입니다.

생물 다양성이 무너지면
결국 인간도 무너지는 결과를 가져올 테니까요.

경북 영양의 풍력 발전 단지 예정지에서 멸종 위기 야생 동물 1급에 해당하는 산양이 발견된 적이 있어요. 주민들은 직접 무인 카메라를 들고 나서 산양의 서식지가 어디인지 조사하고, 풍력 발전 단지 설립으로 산양의 서식지가 파괴되지 않도록 노력했다고 합니다. 산양을 위한 주민들의 노력처럼 지금 우리가 동물을 위해 할 수 있는 것은 무엇일까요?

• 탐구 활동

◦ 여러분 주변에 생태 통로가 설치된 사례 또는 생물 서식지가 파괴된 사례가 있는지 알아보세요.

#미술 #파편화

쪼개고 붙여 연결되는 나전칠기

어린 시절, 색종이를 조각조각 찢고 풀로 붙여 그림을 완성한 기억이 있나요? 이처럼 잘게 쪼갠 재료를 모아 새로운 형상을 만드는 표현 기법을 모자이크라고 불러요.

색종이뿐만 아니라 색유리, 타일, 돌, 나무 등을 활용한 모자이크는 여러 분야에서 장식 기법으로 활용돼요. 어떤 재료든 한 조각이었을 때는 하찮게 버려지는 파편에 불과하지만, 여럿이 모여 연결되면 화려하고 깊이감 있는 모습으로 변해 장식 효과의 극치를 보여 준답니다.

건축에서 모자이크 기법은 대리석, 타일, 유리 등으로 교회나 사원을 장식하는 데 쓰였어요. 성당에 들어가면 스테인드글라스로 장식된 창에서 오묘한 빛이 흘러드는 모습을 볼 수 있어요. 성당에 색유리 조각으로 화려하게 장식된 원형 창문은 어찌나 아름다운지 장미창이라고 불리기도 했지요.

작품 「키스」, 「유디트」, 「생명의 나무」 등으로 잘 알려진 오스트리아의 화가 구스타프 클림트는 이탈리아 여행 중 비잔틴 양식 4세기경 비잔티움(지금의 이스탄불)을 중심으로 발달한 건축 양식. 건물 지붕에 얹은 큰 돔과 내부를 화려하게 장식한 모자이크나 대리석이 특징이다. 교회의 황금빛 모자이크를 보고 작품의 영감을 얻었다고 해요.

우리 전통 공예에서도 모자이크 기법을 발견할 수 있어요. 바로 나전칠기랍니다. 나전의 '나(螺)'는 '소라'를 뜻하고, '전(鈿)'은 '장식'을 뜻해요. 즉, 나전칠기는 소라나 전복 등 조개껍데기 안쪽에 광채가 나는 부분을 활용해 대상을 장식하는 공예 기법입니다. 일종의 모자이크 기법이지요.

우리나라에서는 삼국 시대와 통일 신라 시대에 걸쳐 칠공예 옻칠을 써서 하는 공예를 의미한다. 가 발달하다가 고려 시대에 이르러 화려하고 독자적인 양식의 나전칠기 제작이 성행했어요. 전해지는 공예품들을 보면 습기와 해충으로부터 기물 살림살이에 쓰는 그릇이다. 을 보호하면서도 아름답게 장식한 선조들의 지혜와 기술을 엿볼 수 있답니다.

▲ 나전 흑칠 산수문 서함(조선 시대)

나전칠기 공예품은 어떤 과정을 거쳐 완성될까요? 먼저 옻나무 수액과 찹쌀 풀을 섞어 만든 칠죽을 삼베와 함께 원목 기물 위에 겹겹이 발라요. 그런 다음 건조된 표면을 갈아서 바탕을 매끈하게 만든 것을 **칠기**라고 불러요.

▲ 칠기 합(시대 미상)

칠기를 화려한 무늬로 장식하려면 자개 금조개 껍데기를 썰어 낸 조각이다. 를 잘라 표면에 박아 넣는 과정을 거쳐야 해요.

무늬를 만드는 방법은 다음과 같아요. 조개껍데기를 숫돌 칼이나 낫 따위의 연장을 갈아 날을 세우는 데 쓰는 돌이다. 로 얇게 갈거나 잘게 끊은 조각을 원하는 모양으로 이으면 돼요. 칠기 위에 자개 파편들을 인두로 눌러 붙인 뒤 옻칠로 전부 뒤덮어요. 그리고 마른 표면을 전체적으로 갈아 주면 어두운 배경에서 맑은 빛깔의 자개 문양이 산뜻하게 드러난답니다.

▲ 나전 수복 용문 경대(조선 시대)

화려한 결과물을 만들기 위해서는 복잡한 과정을 견디는 장인의 정성이 필요하다는 것을 알 수 있지요? 나전칠기의 제작 과정에서는 **반복과 기다림**이 중요하고, 특히 작은 조각으로 화면을 구성하는 **섬세함과 독창성**이 필요해요.

게다가 칠기의 재료인 옻나무를 다루기가 까다로워서 옻칠은 전문가만 할 수 있었어요. 이 때문에 당시 나전칠기는 매우 귀한 장식품이었고, 특정 계층의 사치품으로 여겨졌지요.

아직 나전칠기 전통의 맥을 잇는 사람들이 있지만, 일반 대중에게 전통 공예는 생소한 것으로 여겨져 점차 잊히고 있어요. 하지만 우리나라 장인의 나전칠기 작품은 유명 브랜드와의 협업을 통해 새로운 디자인으로 탄생하기도 하고, 우리나라를 방문한 귀빈의 답례품으로 제작되기도 한답니다.

나전칠기를 현대적인 미감의 상품으로 만들어 내며 우리나라 전통 공예를 새로운 방식으로 이어 나가려는 노력은 지금도 계속되고 있어요.

우리도 전통 나전칠기에 관심을 지니고 새로운 문화 콘텐츠로 발전시킬 방안을 모색해 봅시다.

• 탐구 활동 

- **우리나라의 대표적인 나전칠기 공예품을 찾아 감상해 보세요.**
- **우리나라 나전칠기의 전통을 계승해 새롭게 진화한 오늘날의 디자인 상품 사례를 찾아 소개해 보세요.**

step 1 생각하기

♦ 앞서 제시한 교과별 글을 읽은 뒤 파편화로 인한 우리 사회의 문제를 한 가지 찾아보세요. 이 책에서 소개하지 않은 주제여도 괜찮습니다. 찾은 주제를 각자 관심 있는 교과의 관점에서 생각해 보고, 친구들 앞에서 발표해 보세요.

★ 파편화로 인한 우리 사회의 문제 찾기 ★	
내가 찾은 문제점	예 경쟁 사회, 다문화 사회, 1인 가구, 은둔형 외톨이 등
나의 관심 교과	
발표 내용	

step 2 표현하기

◆ step 1에서 고른 주제를 시각화해 협동 작품으로 표현해 보세요.

❶ 파편화와 연대에 대해 떠오르는 아이디어를 모두 스케치하세요.
❷ 각자의 아이디어를 합쳐 전체 도안을 완성하세요.
❸ 도안을 일정한 면적으로 나눈 뒤 각자 맡은 영역을 자개로 장식하세요.

◆ 다음 과정에 따라 자개를 장식해 보세요.

❶ 검게 칠한 화판 위에 밑그림을 그리세요.
❷ 자개 조각을 다양한 방법으로 이어 붙이세요.
❸ 투명한 바니시를 발라 겉면을 코팅하세요.
❹ 각 작품을 순서대로 이어 붙여 협동화를 완성하세요.

step 3 사례 찾기

♦ 앞서 제시한 교과별 글을 읽은 뒤 공동체 회복을 위해 노력한 사례를 찾아 발표해 보세요.

- 키워드: 회복, 독립
- 들어가야 할 내용: 사례와 내용, 배울 수 있는 점

★ 공동체 회복의 사례 ★	
사례 선정	• 시대: • 규모:
발표 내용	• 발표하고 싶은 점을 한 단어로 요약해 표현하고, 친구들에게 설명해 보세요.

step 4 계획하기

◆ '각자도생하는 도시에서의 삶'을 읽은 뒤 내가 마을 공동체 기획자가 된다면 어떤 사업을 실행하고 싶은지 계획서를 작성하고 발표해 보세요.

- 키워드: 공유 공간, 녹지, 도시 재생, 생물 다양성 등

★ 마을 공동체 계획서 작성하기 ★	
사업 지원 계기	• 마을 공동체를 지속적으로 운영하기 위한 장기 목표, 활동 비전 등을 제시해 보세요.
목표 및 활동 비전	• 본 사업을 지원하게 된 배경 및 필요성을 설명해 보세요.

#기생충

"선을 넘는다."
영화 〈기생충〉을 나타내는 한 문장입니다. 우리는 보이지 않는 수많은 선의 안팎에서 서로를 밀어내고 있습니다. 우리는 왜 끊임없이 서로를 나누고 구분 지으려 할까요?
영화는 현실을 반영하지만 현실은 영화보다 더 가혹하기도 합니다. 현실에서 나타나는 다양한 차별에 대해 함께 생각해 봅시다.

- ○ 인간, 수단으로 전락하다 #윤리
- ○ 데칼코마니 #국어
- ○ 장소에 관해 #지리
- ○ 불평등의 재생산 #사회
- ○ 신분 제도의 잔상 #역사
- ○ 영화 〈기생충〉 포스터 읽기 #미술

#윤리 #기생충

인간, 수단으로 전락하다

영화 〈기생충〉은 인간이 인간을 단순히 수단으로만 대하고, 인격적 존재로 대하지 않을 때 발생한 비극을 그리고 있어요. 독일의 철학자 이마누엘 칸트는 "너 자신과 다른 사람의 인격을 단순히 수단으로 대하지 말고, 언제나 목적 그 자체로 대하라."라고 말하며 인간의 존엄성을 강조했습니다.

▲ 이마누엘 칸트

〈기생충〉에 나오는 주인집 박 사장 내외와 고용인들은 서로가 서로를 수단으로 여기고 있어요. 주인집 내외는 고용인들을 서비스를 제공하는 사람들, 언제든 교체할 수 있는 사람들이라고 생각하지요. 그들에게 친절하게 대하지만 인격적으로 대하지는 않아요. 고용인들도 마찬가지예요. 그들은 주인집 모두를 속이면서도 거리낌이 없어요. 그들에게 주인집 내외는 월급을 주는 존재일 뿐입니다.

예를 들어 박 사장은 고용인들에 대한 경멸과 무시를 "선을 넘는다."라는 말로 표현해요.

특히 박 사장은 운전기사인 기택의 냄새가 "선을 넘는다."라고 말하며 못마땅해합니다. 그제야 기택은 자신과 자신의 가족에게서 냄새가 난다는 것을 인지해요. 하지만 그 냄새는 지하에서 살아가는 사람에게 배어 있는 것이어서 주거지를 옮기지 않는 한 없앨 수 없습니다. 같은 공간에서 살아가는 사람들은 서로의 냄새를 맡지 못해요. 이미 익숙해져 있기 때문이지요.

그런데 지하에서 살아가는 사람들과는 다르게 뽀송뽀송하고 밝은 햇살을 가득 머금은 곳에서 살아가는 사람들에게는 그 냄새가 이질적으로 다가올 테고, 거부감을 느끼겠지요.

박 사장은 아들 다송이 기절한 위급한 상황에서도 오랜 세월 지하실에서 살아온 근세의 냄새에 코를 틀어막고 눈살을 찌푸리며 역겨워합니다.

그러자 기택은 존재 자체를 거부당하는 무시와 모욕을 느껴요. 모욕감은 곧 격렬한 분노로 바뀌고, 기택은 박 사장을 공격하지요.

박 사장과 기택은 서로 수단적 관계만을 맺고 있었기에 이런 비극을 맞은 것이 아닐까요?

기택의 딸 기정은 자신에게 잘 속아 넘어가는 주인집 내외를 비웃어요. 기정에게 그들은 인격적 존재가 아니라 돈을 벌게 해주는 수단일 뿐이에요. 기정은 주인집 내외뿐만 아니라 원래 고용되어 있던 운전기사 윤 기사, 가사 도우미 문광 등을 모두 수단으로 여겨요. 그들에게 누명을 씌워 쫓아내면서도 죄책감을 전혀 느끼지 않지요.

〈기생충〉은 서로가 서로를 수단으로 바라보는 사람들의 모습을 그려 냈어요. 삶의 공간과 모습은 각각 다르지만, 사람을 수단으로 여기는 의식은 똑같아요. 그래도 기택과 기택의 가족이 서로를 수단이 아닌 인격적 존재로 인식하는 점은 다행이지요.

기택의 가족뿐만 아니라 문광의 가족, 박 사장의 가족은 모두 자신의 가족을 수단으로만 여기지 않고 목적 그 자체로 대하고 있어요.

가족들은 그들에게 그 자체로 소중한 인격적 존재입니다.

칸트의 말에 따르면, 다른 모든 것에는 가격을 매길 수 있지만 인간은 가격을 매길 수 없는 존재라고 해요. 인간은 인격을 지닌 존재이기 때문에 단순히 수단으로 대해서는 안 된다는 것이지요.

칸트는 우리가 다른 사람을 우리 삶을 위한 수단으로 삼을 수밖에 없을지라도 단순히 수단으로 대하면 안 되고 동시에 목적 그 자체로 대해야 함을 주장해요.

박 사장의 가족과 기택의 가족이 서로를 단순히 수단이 아닌 인격적 존재로 대했다면 〈기생충〉은 어떤 결말을 맞았을까요?

• 탐구 활동

◦ 다른 사람이 나를 단순히 수단으로 여긴 적이 있는지 생각해 보고, 나 역시 다른 사람을 단순히 수단으로 대한 적이 있는지 성찰해 보세요.

#국어 #기생충

데칼코마니

여러분은 영화 〈기생충〉의 제목이 원래 데칼코마니 물감, 잉크 등을 종이에 칠하거나 떨어뜨린 뒤 종이를 한 번 접었다가 펼쳐 대칭 무늬가 생기게 하는 회화 기법이다. 였다는 사실을 알고 있나요?

왜 데칼코마니라고 했을까요?

박 사장 가족과 기택 가족 모두 아빠, 엄마, 딸, 아들의 구성원으로 이루어져 비슷한 가족 같지만 상반된 모습을 보인다는 점에서 그렇게 지었다고 해요.

박 사장이 자주 언급하는 선(계층적 차이)이 두 가족의 전혀 다른 모습에서 더욱 돋보인다는 점을 생각하니 '데칼코마니'라는 제목이 더 인상적인 것 같기도 하네요. 등장인물들이 사용하는 언어를 유심히 살펴보면 이런 특성이 더욱 눈에 띄어요.

같은 언어를 사용하지만, 상반된 모습을 보이는
〈기생충〉 속 언어의 데칼코마니에는 무엇이 있을까요?

먼저 〈기생충〉에서 처음부터 마지막까지 인상적으로 사용되는 언어가 있어요. 바로 모스 부호 점과 선을 배합해 문자나 기호를 나타낸 뒤 전류나 전파로 알리는 통신 부호이다. 미국의 발명가 새뮤얼 모스가 고안했다. 입니다.

▲ 새뮤얼 모스

문광의 남편 근세는 지하실에 갇힌 채 머리를 전등 스위치에 쿵쿵 박아요. 전등 스위치는 거실과 연결되어 있는데, 근세가 머리로 스위치를 누를 때마다 거실 전등이 깜빡거리지요. 근세는 이를 이용해 모스 부호로 자신의 의사를 전달해요.

기택 역시 추후 자신이 살아 있다는 것을 아들 기우에게 알리고자 지하실에서 모스 부호로 소통을 시도하고요.

이들에게 모스 부호란 생존을 위한 수단이에요.

하지만 모스 부호를 이해하는 영화 속 또 다른 인물, 박 사장의 아들 다송에게는 그렇지 않아요. 다송에게 모스 부호는 비가 많이 내리는 날, 인디언 텐트 안에서 즐기는 하나의 놀이에 불과해요.

같은 언어가 누군가에게는 생존의 수단으로, 다른 누군가에게는 유희의 수단으로 사용되는 모습이 꼭 모순적인 우리 사회의 단면을 보여 주는 것 같아요.

다음으로 인물들의 대화를 자세히 들여다볼까요? 박 사장과 연교 부부는 영어를 섞어 쓰거나 고상한 말투로 대화해요. 반면 기택과 충숙 부부는 서로 존대하지 않고 반말에 욕설을 섞으며 대화하지요. 같은 한국어를 사용하지만 이들의 언어는 확연히 달라요. 이런 특징은 특히 기정이 다송의 과외 선생님으로서 대화할 때와 자신의 가족과 대화할 때 사용하는 언어를 비교하면 더 잘 드러나요.

먼저 기정은 연교 앞에서 자신의 수업이 미술 치료라는 점을 강조하며 "급여는 상당히 높은 수준으로 책정해 주시는 것이 리즈너블" 하다고 덧붙여요. 하지만 자신의 가족과 대화할 때는 욕설을 사용하면서 상스러운 말투로 이야기해요. 예를 들어 기정은 "인터넷에서 미술치료 검색한 거 썰 좀 풀었더니 헐, 갑자기 막 처울더라니까. 내가 어이가 없어 가지고."라고 말하지요.

〈기생충〉에는 하나의 언어를 여러 방식으로 사용하면서 전혀 다른 느낌을 주는 장면들이 많아요. 마치 언어를 통해 인물들의 삶을 대립적으로 배치한 멋진 데칼코마니 작품을 보는 것 같달까요.

봉준호 감독은 〈기생충〉 제작 발표회에서 영화를 소개하며 이렇게 말했다고 해요. "학교에서 한용운 시인의 시 「님의 침묵」을 배울 때 '님'이 무엇을 뜻할까 생각한 것처럼 '기생충'의 뜻을 추측해 볼 수 있을 것"이라고요.

여러분도 영화 속 언어에 주목해
저마다의 의미를 해석하고 찾아보세요.

• 탐구 활동

◦ **현대 사회에서 생존 수단으로 사용되는 언어로 모스 부호 말고 또 어떤 것이 있는지 알아보세요. 구체적인 사례도 함께 찾아 소개해 보세요.**

#지리 #기생충

장소에 관해

영화에서 장소는 영화 전체의 분위기를 나타내는 중요한 요소예요. 특히 봉준호 감독은 영화를 만들 때, 하나의 장소에서 벌어지는 이야기를 거대 서사로 확장하곤 해요. 영화 〈기생충〉에서는 기택의 집(반지하)과 박 사장의 집(호화 저택)이 주된 장소이지요. 반지하에서 호화 저택으로 이어지는 수직적 계열화와 공간을 차지하기 위한 인간의 욕망이 영화의 핵심이고요.

책 『공간과 장소』의 저자이자 중국계 미국인 지리학자 이 푸 투안은 다음과 같이 이야기해요. “공간은 장소보다 추상적이다. 처음에는 별 특징이 없던 공간이라도 우리가 그곳을 더 잘 알게 되고 그곳에 가치를 부여하면서 장소가 된다.”

즉, 공간에 ‘애착’이 생기고 ‘안전’이 더해지면 장소가 된다는 뜻이에요.

이처럼 지리에서 중요한 개념인 장소를 중심으로 〈기생충〉을 조명해 볼게요. 〈기생충〉에 등장하는 주요 장소는 앞서 말했듯 기택의 집인 반지하 그리고 박 사장의 집인 호화 저택이에요.

먼저 기택 가족이 사는 반지하는 주거 공간으로써 삶의 질이 떨어지는 장소예요.

우리나라에서 반지하가 주거 공간이 될 수 있었던 이유는 1970년대 이후 이루어진 급속한 도시화와 분단국가의 특수성 때문입니다. 반지하 공간을 유사시 벙커나 방공호로 사용하기 위해 건축법을 개정했고, 그 결과 반지하가 주거 공간으로 활용되었지요.

〈기생충〉에서도 반지하는 삶의 질이 떨어지는 주거 공간임을 알려 주는 장면이 여러 번 나와요. 오토바이 소음이 들리고, 자동차 매연이나 먼지 등 외부 이물질이 마구 들어오거든요. 취객이 반지하 집 창문 근처에서 소변을 보는 장면도 나와요. 앞서 '안전이 더해지면 장소가 된다.'라고 했지요. 반지하는 안전하다고 말하기 어려운 공간이에요. 애착이 가지 않는 장소이기도 해요. 따라서 기택 가족은 사기를 쳐서라도 지상으로 올라가려고 애를 써요.

태풍이나 호우로 인해 홍수가 나면 저지대의 반지하는 침수 피해가 훨씬 커요. 기택의 가족이 수해 장마나 홍수로 인한 피해를 말한다. 를 입는 장면이 나오기도 하고요. 자연재해 시 위험에 노출되는 정도에 따라 부동산 가격이 결정되기에 가난한 자들은 안전이 보장되지 않는 공간을 선택할 수밖에 없어요. 따라서 가난한 자들이 자연재해에 가장 큰 피해를 보는 사례가 현실에서 자주 나타나지요.

호우가 내려 기택의 집이 잠겼을 때, 모든 것을 잃은 기택과는 달리 박 사장은 다음 날 미세 먼지가 없는 깨끗한 하늘을 기대해요. 주거 공간에 따라 자연 현상에 대한 사고도 달라짐에 씁쓸한 마음이 드네요.

박 사장의 집은 반지하에 있는 기택의 집과 대비될 정도로 호화로운 저택인데, 아늑하고 안전하기까지 해요. 보안 장치가 잘되어 있으며 기후 재난과 관련된 피해가 적은 고지대에 위치하지요. 넓은 잔디밭에서 캠핑을 즐기기도 하고 생일 파티를 벌이기도 하고요.

하지만 안전이 보장되어 있다고 하더라도
박 사장의 집이 장소로서 제대로 기능하는지 의문이네요.

박 사장에게 집에 대한 애착이 있었다면 집 구석구석을 살펴봤을 테고, 지하실이 있는지 없는지 알 수 있었을 거예요. 그렇다면 박 사장의 아들인 다송의 트라우마는 생기지 않았겠지요.

집이 가지는 장소로서의 기능보다 부동산으로서의 가치만 추구하는 현시점에서 장소의 의미를 다시금 정립하면 좋을 것 같아요.

러시아의 소설가 도스토옙스키는 "즐거운 추억이 많은 아이는 삶이 끝나는 날까지 안전할 것이다."라고 말했어요. 집이라는 장소가 아이에게 가장 안전하고 행복한 의미로 다가와야 몸과 마음이 건강한 어른이 될 테니까요. 또한 몇몇 사람들만 안전을 누린다면 불공평하겠지요? 안전하며 애착이 형성될 수 있는 주거 공간을 누구나 누릴 수 있는 정책이 어느 때보다도 필요해요.

당신이 사는 곳이 당신을 말해 줍니다.

위와 같은 차별적인 아파트 광고 문구가
당연하게 여겨지는 사회가 되지 않기를 희망합니다.

• 탐구 활동

◦ 사는 공간에 따라 사람이 차별받은 사례를 찾아 발표해 보세요.

#사회 #기생충

불평등의 재생산

'불평등'이라는 단어를 들으면 흔히 경제적 불평등을 떠올릴 거예요. 경제적으로 부유한 사람과 빈곤한 사람의 차이는 눈으로 직접 확인할 수 있는 불평등이지요. 영화 〈기생충〉에서 기택 가족이 사는 반지하 집과 박 사장 가족이 사는 저택만 봐도 이를 알 수 있어요.

그런데 불평등에는 **문화적 불평등**도 있어요.

우리는 문화를 공연이나 예술 같은 것으로만 생각하기 쉽지만, 문화라는 개념의 범위는 생각보다 더 넓어요. 예술을 포함해 인간의 의식주와 같은 생활 양식 전체가 모두 문화에 해당해요. 그러니 부유한 사람과 빈곤한 사람의 생활 양식은 다를 수밖에 없겠지요?

프랑스의 사회학자 피에르 부르디외는 문화적 불평등을 설명하기 위해 아비투스(habitus) 같은 집단이나 계급구성원 모두에게 공통적인 인지, 개념, 행위의 도식 또는 내면화된 구조의 주관적이지만 개인적이지 않은 체계(Bourdieu, 1977)이다. 라는 개념을 제시했어요.

'습관', '버릇'이라는 뜻의 영어 단어 'habit'과 철자가 비슷하지 않나요? 부르디외의 설명과 완벽히 일치하지는 않지만, 아비투스를 영어 'habit'과 비슷하게 개인이 가지는 습관이라고 이해해도 괜찮아요.

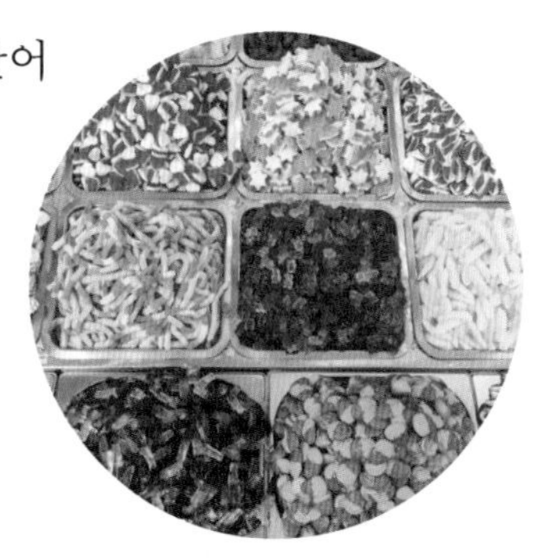

그렇지만 단순히 반복되는 행동이라는 의미를 넘어 뭔가를 선택하는 습관인 취향이라고 넓게 생각해 보세요.

우리는 습관을 지니고 있어요. 각자 사용하는 말투가 다르고 행동도 달라요. 붕어빵을 머리부터 먹는 사람도 있고 꼬리부터 먹는 사람도 있어요. 똑같은 포털 사이트에 접속하더라도 습관적으로 보는 메뉴나 채널이 달라요. 뭐든지 각자 선택하는 습관이 다르기 때문이지요.

개인의 습관을 계층별로 확인해 보면 어느 정도 공통된 모습이 나타나요. 예를 들어 상류층이 쓰는 말투, 상류층이 즐기는 문화 예술에는 공통점이 있어요. 상류층이 아닌 다른 계층도 마찬가지고요. 계층마다 공통된 습관을 지니는데, 이를 통해 계층 간의 차이, 즉 불평등을 확인할 수 있어요.

〈기생충〉에서 기택의 아들인 기우는 폭우가 내린 다음 날, 박 사장 가족의 저택에서 열린 생일 파티에 참여해요. 그곳에서 기우는 사람들의 여유로운 모습을 보며 "내가 이곳과 어울리느냐."라는 말을 합니다. 폭우로 고생한 자기 가족과 아비투스의 차이를 느낀 것이지요.

또한 박 사장 가족이 기택 가족에게서 냄새를 맡는 장면들이 유난히 많이 나오기도 해요. 후각은 쉽게 둔감해져서 익숙한 냄새를 잘 맡지 못하지만, 새로운 냄새는 잘 맡는다고 하지요. 아비투스의 차이가 있다는 것을 후각의 특성을 통해 알려 주는 장면들이에요.

아무리 증명서를 위조해 가짜 신분을 만들고, 노래로 외워 가며 그럴듯한 가짜 배경을 만들어도 계층 간에 따라갈 수 없는 아비투스의 차이, 즉 **문화적 불평등**이 드러난다는 것을 보여 줘요.

아비투스는 어디서 올까요? 당연히 태어날 때부터 가지고 있지는 않겠지요. 우리의 습관은 우리가 자라나는 과정에서 주변의 영향을 받을 수밖에 없어요. 그러다 보니 같은 집단에 속하는 사람들은 비슷한 습관, 즉 아비투스를 가질 수밖에 없어요.

우리는 같은 아비투스를 지닌 사람에게 친숙함을 느끼고, 다른 아비투스를 지닌 사람에게는 거리감을 느껴요. 내가 이해할 수 있는 취향을 지니고 내가 예상할 수 있는 행동을 하는 사람이 더 편한 것은 당연한 일이에요.

나에게 편한 사람, 즉 익숙한 아비투스를 지닌 사람들끼리 만나다 보면 결국 같은 아비투스를 지닌 집단, 즉 계층이 대를 이어 계속될 수밖에 없어요. 우리는 이러한 현상을 **불평등의 재생산**이라고 해요.

부르디외는 교육을 포함한 여러 사회 제도가 상류층의 아비투스를 가진 사람에게 유리하게 만들어져 있다고 주장했어요. 평가 자체가 상류층의 아비투스를 기준으로 하고 있기에 상류층의 아비투스를 가진 사람이 더 좋게 평가받고 경쟁에서 이길 수밖에 없는 구조라는 뜻입니다.

그 결과 **불평등은 반복될 수밖에 없어요.**

만약 부모가 상류층이면 자식은 부모에게 상류층의 아비투스를 물려받아 상류층을 유지해요. 다른 계층도 마찬가지고요. 부자는 계속 부자로, 가난한 사람은 계속 가난한 사람으로 남지요.

"그게 뭐 어때서?"라고 대수롭지 않게 생각할 수 있지만
불평등이 반복되는 순간 여러 가지 사회 문제가 발생할 가능성이 커져요.

누군가는 자신이 더 높은 계층으로 올라가지 못한다는 것에 불만을 느끼고 반사회적인 행동을 할 수도 있고, 또 다른 누군가는 어차피 노력해도 더 높은 계층으로 올라갈 수 없다면 아무것도 하지 않겠다고 포기할 수도 있어요.

역사적으로 봐도 마찬가지예요. 불평등이 고착화된 나머지, 개인의 노력으로 자신이 물려받은 불평등을 극복할 수 없는 상황이 되면 사회적으로 큰 혼란이 발생해 왔거든요. 그래서 우리나라를 비롯한 여러 국가는 불평등으로 인한 사회 문제를 해결하기 위해 **소셜 믹스 정책** 한 아파트 단지 내에 분양 세대와 임대 세대를 함께 조성하는 등 사회적·경제적 배경이 전혀 다른 사람들끼리 어울려 살 수 있도록 하는 정책이다. 을 펼치는 등 여러 방면으로 노력하고 있어요.

• 탐구 활동

◦ **우리나라의 소셜 믹스 정책으로는 무엇이 있는지 알아보고, 그 정책이 현실에서 어떻게 실행되었는지 확인해 보세요. 또한 그 정책이 잘 진행되었는지 아닌지 근거를 들어 평가해 보세요.**

#역사 #기생충

신분 제도의 잔상

'빵 셔틀'이라는 말을 알고 있나요?

과거의 천인(賤人) 노비, 백정 등 예전 사회의 가장 낮은 집단에 속하던 이를 뜻한다. 처럼, 약자라고 여겨지는 친구를 괴롭히거나 부리는 등 괴상한 문화가 학교에 있다는 이야기를 들었거든요. 이런 경우를 보면 꼭 막아 주고, 학교 폭력으로 신고하세요!

이뿐만 아니라 우연히 영화 〈기생충〉을 보니 '과거 신분 제도가 여전히 남아 있나?'라는 생각이 들었어요. "선을 넘는다."라는 대사와 '선'을 넘나드는 여러 장면에서 말이에요.

바로 신분이에요. 들어 본 적 있지요?

◀ 김득신, 「노상현알」

특히 '나'는 '너희'와 다른 사람이라는 박 사장의 시선 속에서 과거를 상상해 보았어요. 볕이 잘 들고 넓으며 호화로운 집에 사는 박 사장 가족은 과거 존재했던 상위 신분을 대표하는 인물들이 아닐까요? 기택 가족은 하위 신분을 대표하는 인물들일 테고요.

▲ 고종 어진

▲ 고종과 순종

어느 순간 인류 사회에 나타난 신분은 수천 년간 이어졌답니다. 마치 하늘이 두 쪽 나도 바뀌지 않을 질서인 것처럼요. 하지만 1894년 갑오개혁이 이루어지고, 위 사진과 같은 큰 변화가 이루어졌어요. 그렇다면 사회적으로는 어떤 변화가 있었을까요?

신분 제도의 폐지가 있었답니다.

이로 인해 인간이 자신과 타인을 존중하고, 서로 동등하게 살아갈 수 있는 길이 생겼어요. 단, 법적으로만요. 사회에는 신분 제도와 관련된 과거의 악습이 오랜 기간 남아 있었거든요.

대표적인 사례로 '조선 형평사'와 연결된 백정의 사례를 들 수 있어요. 여러분도 학교에서 한국사 수업 때 배운 적 있을 텐데요. 그런데 오늘은 조금 다른 사례를 살펴보려고 해요.

갑오개혁과 일제 강점기를 거치면서 기존의 법적 신분 질서는 점차 해체되었고, 광복 이후 정부 수립 과정에서 정치 세력이 서로 충돌하며 사회에 남아 있던 신분 질서가 빠르게 사라져 갔어요. 과거부터 이어져온 전통적 마을 공동체와 지역 질서 역시 변화했고요.

▲ 당시 조선 총독부 건물

물론 농지 개혁이나 일상생활에서 소위 머슴이라 불리는, 옛날의 하층 신분에 대한 차별이 아직 남아 있기는 했지만요. 그런데 1950년대 농촌 사회에서 과거의 전통이 급격히 되살아나는 현상이 나타났어요.

이를 **농촌의 재전통화**라고 불러요.

재전통화란 신분과 혈연을 매개로 한 전통적 가치와 권위가 다시 강화되는 현상을 말해요.

지방의 어느 촌(村)에서 한 동족 집단이 가문의 사당 조상의 이름을 적은 나무패를 모셔 두는 집이다. 을 다시 지으며 권위를 강화하거나 과거 양반이었던 가문이 면장 면의 행정을 맡아보는 으뜸 직위에 있는 사람이나 그 직위를 말한다. 이나 면의원 구성을 주도하는 등 권위에 입각한 과거의 신분 구조가 일시적으로 회복되었어요. 없어져 가던 신분이 어느 순간 갑자기 다시 등장했지요.

왜 갑자기 과거의 전통이 회복되었을까요?
1950년대 당시 무슨 큰일이 있었던 걸까요?

바로 한국 전쟁이 일어났기 때문이에요.

▲ 한국 전쟁 당시 배포된 전단들

한국 전쟁은 물적·인적 피해 외에도 우리나라 곳곳에 거대한 영향을 남겼답니다. 남과 북이 서로 증오하게 만들고, 여기서 나타난 사상의 대립은 전통적 공동체 또는 혈연 관계망을 더욱 중요하게 여기도록 했어요. 믿을 것은 오로지 '우리' 가족, '우리' 친척뿐이라고 생각했지요.

전쟁의 혼란 속에서 과거의 마을 어른과 양반들을 중심으로 일어난 공동체는 옛 문화를 회복해 갔어요.

다른 원인도 이야기해 볼까요?

전쟁 이후 나타난 새로운 문화에 기존 농촌 문화가 저항하면서 전통 질서가 다시 떠올랐을 수 있어요. 또는 전쟁 이전의 신분 질서를 경험하지 않고 성장한 사람들이 많이 사망하거나 몰락하면서 전통 질서가 회복됐을 수도 있고, 전통적 농업 경영 방식이 계속되면서 전통 질서가 다시금 나타났다고 해석할 수도 있지요.

물론 당시에도 변화의 싹은 커 가고 있었어요. 젊은 사람들이 점차 도시로 이주하고, 새로운 문화를 받아들이면서 국가 전체가 변화하기 시작했답니다. 새로운 세대의 등장과 이후 변화의 과정을 엮어서 생각하면 더욱 좋아요.

21세기인 지금, 신분 제도는 없어졌어요. 하지만 〈기생충〉의 한 장면에서 신분 제도의 잔상을 떠올릴 수 있답니다.

박 사장의 대사 중 선을 넘지 말라는 부분 말이에요.

피고용인 박 사장이 자본의 유무에 따라 과거의 차별적인 신분으로 고용인 기택을 바라보고 있는 것 같다는 생각이 들었거든요.

가끔 뉴스에서 누군가 노예처럼 감금된 채 노동 착취를 당한 사례를 볼 때마다 온몸이 떨려요. 몇천 년간 신분의 상하 구조에 익숙해진 사람들로 인해 신분 제도의 잔상이 우리 사회에 참 오래 남아 있다는 생각이 들거든요. 어떻게 해야 미래에는 이런 일이 없어질까요?

• 탐구 활동 

- 사람을 나눈다는 관념을 없애려면 어떻게 해야 할지 이야기해 보세요.
- 농촌에서 재전통화가 일어난 이유를 같은 시대의 다른 사건 및 상황과 연결 지어 생각해 보세요. 다른 책이나 다른 교과의 교과서를 참고해도 좋아요.

#미술 #기생충

영화 〈기생충〉 포스터 읽기

여러분은 영화 〈기생충〉 하면 무엇이 떠오르나요? 눈을 감고 생각해 보세요. “제시카 외동딸 일리노이 시카고…….”라고 흥얼거리는 기정의 목소리? 김이 모락모락 나는 짜파구리에 한우 채끝살이 올라가는 장면?

그럼 이번에는 〈기생충〉 포스터를 떠올려 보세요. 독특한 분위기로 국내외에서 주목을 받았던 포스터 디자인은 〈기생충〉의 얼굴이라고도 할 수 있어요. 포스터는 〈기생충〉에 대한 호기심을 더욱 키웠고, 세계 여러 나라의 관객들에 의해 다양하게 패러디되기도 했지요.

〈기생충〉 포스터 속에는 영화 속 박 사장의 집 정원을 배경으로 무심하게 떨어져 있는 인물들이 보여요. 그들의 눈은 막대로 가려져 있고요. 막대는 여러 매체에서 인물의 신상을 보호하기 위해 모자이크처럼 쓰이곤 하지요. 〈기생충〉포스터에서는 막대가 영화의 비밀스러운 분위기를 상징함과 동시에 스릴과 반전을 예고해요.

포스터를 자세히 들여다 보면 막대의 색이 다른 것을 확인할 수 있는데요. 막대뿐만 아니라 두 가족의 의상 또한 흑백으로 묘하게 나누어져 있어요. 〈기생충〉 속에서 '냄새'가 두 가족을 구분했던 것처럼 말이에요.

막대와 흑백 구분은 속임수를 써도 극복할 수 없는 자본주의와 계층의 문제를 상징하는 것일까요? 여전히 알쏭달쏭하지요?

이 외에도 포스터 곳곳에 수석, 인디언 텐트 등 〈기생충〉의 상징적인 소품들이 등장해요.

특히 포스터 좌측 아래에 보이는 다리를 보세요. 이 다리가 누구의 다리인지 정확히 밝혀지지는 않았지만, 〈기생충〉의 결말을 생각하면 한 인물이 떠오르지 않나요?

〈기생충〉의 공식 포스터는 영화감독 겸 그래픽 디자이너 김상만 씨가 디자인했어요. 〈기생충〉 시나리오를 검토하고, 촬영 현장에 몇 번 방문한 것 외에는 봉준호 감독과 상의 없이 독립적으로 작업했다고 합니다.

흑백 막대, 절반만 보이는 다리가 무엇을 상징하는지는 봉준호 감독도 모를 것이라고 해요. 디자이너가 포스터에 대해 직접적인 해석을 밝히지 않았기 때문에 더욱 미스터리하게 느껴지지요. 하지만 관객들은 오히려 영화를 감상한 후 포스터를 보며 자신만의 관점에서 상상을 더하고, 다양하게 해석하는 재미를 느낄 수 있지 않을까요?

영화의 내용과 분위기를 사람들에게 널리 알리고, 동시에 영화를 보고 싶게 호기심을 유발하기 위해서는 다양한 방법이 필요해요. 그래서 우리는 영화를 보기 전 수많은 홍보 영상과 이미지, 예고편을 접할 수 있지요.

그렇지만 한눈에 시선을 사로잡고 영화에 집중시키는 것은 역시 영화 포스터에요. 두 시간 내외의 이야기를 하나의 이미지로 응축해야 한다는 점에서 디자이너의 역할이 중요하지요.

〈기생충〉 포스터 촬영 전, 디자이너가 사진 작가에게 추천한 미술 작품이 있다고 하는데요. 포스터 속 공간을 가만히 보고 있자니 무언가 떠오르는 작품이 있지 않나요?

바로 영국 출신 작가 데이비드 호크니의 수영장 시리즈입니다. 유명한 작품들이라 인터넷에 검색하면 바로 볼 수 있어요. 이미 어디선가 본 적이 있을 수도 있고요.

호크니의 수영장 시리즈는 그의 고향인 영국 하늘의 칙칙한 분위기와는 다르게 강렬한 햇볕이 내리쬐는 미국 로스앤젤레스의 저택을 배경으로 하고 있어요. 그중 유명한 작품으로는 「더 큰 첨벙(A Bigger Splash, 1967)」, 「어느 예술가의 초상(Portrait of an Artist - Pool with Two Figures, 1972)」 등이 있답니다.

여러분도 인터넷, 전시회, 도록 등을 통해 호크니의 작품을 찾아보세요. 작품 속에서 느껴지는 한적함, 나른함 그리고 공허함 등이 〈기생충〉 포스터에서도 느껴질 거예요.

전 세계 40여 개국에서 개봉된 〈기생충〉의 포스터는 개봉 국가별로 다양하게 디자인되었어요. 프랑스판 〈기생충〉 포스터, 프랑스판 〈기생충〉 블루레이 커버 아트, 그 밖의 해외 홍보용 〈기생충〉 포스터를 보면 같은 듯 다른 분위기가 재미있어요.

영화를 본 뒤, 국가별 포스터를 찾아 포스터 속 인물이나 사물의 배치 또는 공간 구성, 소재가 상징하는 것이 영화의 주제와 어떻게 연결되는지 비교해 보는 재미도 빠뜨릴 수 없답니다.

● 탐구 활동 

- 〈기생충〉 포스터 속 시각 이미지가 무엇을 상징하는지 말해 보세요.
- 〈기생충〉 포스터 속 시각 이미지의 구도, 색감, 도상은 어떤지 살펴보세요.
- 〈기생충〉의 해외 버전 포스터들을 찾아 감상해 보고, 각 포스터가 어떤 방법으로 〈기생충〉의 주제를 표현하고 있는지 생각해 보세요.

#교과 융합 활동

step 1 생각하기

♦ '인간, 수단으로 전락하다'를 읽고 <기생충>에 등장하는 등장인물 세 명을 고른 뒤 그 인물들의 목적과 수단을 분류해 보세요.

등장인물	목적	수단
예 기정	다송의 과외 선생으로 일하며 돈을 벌고자 한다.	학력을 위조하고 가짜 과외 수업을 진행한다.

♦ '장소에 관해'를 읽은 뒤 '장소'의 개념을 통해 학교 안에서 나에게 의미 있는 장소를 찾아 스케치해 보고 이유를 말해 보세요. 또한 그 장소에 나만의 이름을 붙이고 친구들과 공유해 보세요.

장소 스케치

◆ '데칼코마니'를 읽고 〈기생충〉 속 인물을 한 명 선택한 뒤 그 인물의 입장에서 김춘수의 시 「꽃」에 나오는 '잊혀지지 않는 하나의 눈짓'이 어떤 의미로 다가올지 에세이를 작성해 보세요.

내가 선택한 인물

step 2 **표현하기**

♦ '불평등의 재생산'과 '신분 제도의 잔상'을 읽은 뒤 〈기생충〉의 주제를 4컷 만화로 표현해 보세요.

♦ '영화 〈기생충〉 포스터 읽기'를 읽은 뒤 나만의 관점으로 새로운 〈기생충〉 포스터를 제작해 보세요. 완성된 포스터를 보며 각자의 작품을 소개해 보세요. 다음 예시를 참고해 여러 아이디어를 떠올린 다음 가장 마음에 드는 방향으로 진행하는 것을 추천합니다.

- 영화 속에 등장하는 물건들을 활용하기
- 영화 제목의 문자 디자인을 독창적으로 표현하기
- 가장 인상 깊었던 장면을 나만의 그림체로 그리기
- 영화의 주제나 독창성을 잘 표현하고 있는 장면 고르기
- 새로운 카메라 시점으로 영화 속 배경과 인물 바라보기
- 영화와 비슷한 주제나 분위기를 가진 명화를 활용해 패러디하기

step 3 문제 해결하기

♦ 문학, 영화, 그림 등에서 불평등을 표현한 사례를 찾아 실제 현실과 비교하고, 그 자료를 시대별·국가별로 정리해 불평등의 개선을 위한 제도적 대안을 마련해 보세요.

사례 선정
자료 정리
대안 마련

♦ '불평등의 재생산'과 같은 관점에서 문화 예술 접근의 형평성을 높이기 위해 무엇이 필요한지 다음 자료를 참고해 지리적·철학적 대안을 제시해 보세요.

이건희 미술관, 결국 서울에 건립

국내 모 기업의 이건희 전(前) 회장이 사망하자 유족은 이 회장이 생전 수집한 문화재와 미술품 23,000점을 국가에 기증했다. 이른바 '이건희 미술관'이 건립될 후보지는 서울국립현대미술관 인근(서울 종로)과 국립중앙박물관 용지(서울 용산)로 압축됐다. 이 외에도 전국 지방 자치 단체 곳곳이 '이건희 미술관'을 유치하기 위해 경쟁을 벌였지만 결국 서울 유치가 확정되자 지방 균형 발전에 어긋난다는 반발의 목소리가 터져 나오고 있다.

#능력주의

능력, 공정, 불평등……. 주변에서 참 많이 듣는 말이에요.
사람은 하나같이 소중한데, 시험에 실패했다는 이유만으로 자괴감을 느끼는 친구를 보며 참 안타까웠어요. 도대체 능력이 무엇이기에 우리를 이렇게 흔들까요? 능력을 지니기 위해 노력하는 모습은 같을 텐데, 결과적으로는 왜 차이가 날까요?
능력이란 무엇인지, 현실에서 능력은 과연 공정하게 획득되는지 그 배경과 실제를 함께 생각해 봅시다.

- 자꾸 이야기해야 하는 불평등 #국어
- 개천에서 용은 살 수 없다 #지리
- 능력의 기원 #사회
- 시험은 공정한가 #역사
- 인상주의 화가들의 흑역사 #미술
- 능력과 행운 그리고 불운 #윤리

#국어 #능력주의

자꾸 이야기해야 하는 불평등

최근 화두에 오른 프로그램들이 있어요. 〈스트리트 우먼 파이터〉, 〈스트리트 맨 파이터〉, 〈쇼 미 더 머니〉와 같은 프로그램들은 시즌을 거듭할수록 논란도, 인기도 많아졌습니다.

혹시 여러분도 위 프로그램들을 재미있게 봤나요? 저도 최선을 다해 각 미션을 수행하는 참가자들을 응원하며 즐겁게 봤는데요. 가끔은 '미션에서 승리한 사람이 모든 것을 가진다.'라는 규칙이 너무 잔인한 것은 아닌가 하는 생각이 들기도 했답니다. 여러분은 어떻게 생각하나요?

노력해서 이긴 자가 모든 것을 가져야 공평하다.
승자는 패자에게 어떤 굴욕감을 줘도 괜찮다.

노력해서 승리를 거머쥔 승자가 모든 것을 가져도 괜찮을까요?

이것이 **가장 공정한 것**일까요?

최근 우리 사회에서 평등, 공정, 정의를 이야기하는 경우가 많아지고 있어요. 어떤가요?

여러분이 있는 지금 그곳은 평등하고 공정하고 정의로운가요?

여러분은 아마 **시험**을 가지고 평등, 공정, 정의에 대해 자주 이야기했을 거예요. 학생부 종합 전형과 정시 중 어떤 입시 제도가 더 공정한지, 시험의 평가가 공정한지에 대해 한 번도 생각해 보지 않은 사람은 없을 테니까요.

특히 우리 사회는 수능, 자격증과 같은 시험을 통해 직업이나 삶의 수준이 결정되어야 가장 평등하고 공정하고 정의롭다고 생각하는 경향이 강하거든요.

누구든지 열심히 해서 시험을 통과하면 그것으로 그 사람의 능력을 평가하고, 그 능력에 따라 삶의 수준이 결정되는 것이 공정하다는 능력주의가 우리 사회를 지배하고 있기 때문이에요.

소설가 장강명의 단편 소설 「알바생 자르기」를 보면
능력주의와 약간 다른 현실의 모습이 그려져 있어요.

「알바생 자르기」에는 아르바이트생을 해고하려는 중간 관리자 은영과 당장 생계를 해결하기도 어려운 상황에 자신의 권리를 챙기기 위해 발버둥 치는 아르바이트생 혜미의 갈등이 담겨 있어요.

은영은 뚱한 표정으로 일하는 혜미가 마음에 들지 않는 데다가 사장이 혜미를 해고하길 바란다는 마음을 눈치채고 사장의 신임을 얻기 위해 혜미를 해고하려 합니다.

그러자 혜미는 해고당하는 상황에서도 구두 해고 통보와 퇴직금 미정산, 4대 보험 미가입 등 법적인 문제를 꼬집으며 자신이 마땅히 가져야 할 권리를 챙기고자 애쓰지요.

연봉이 3억인 사장에게는 아무것도 아닌 '비정규직의 3개월 치 월급'이 권고사직의 위로금으로, 은영에게는 주식 투자로 날린 셈 쳐도 되는 '150만 원'이 4대 보험 합의금 명목으로 혜미에게 주어져요. 하지만 혜미에게는 학자금 대출을 꾸준히 갚아야 하는 현실이 남아 있답니다.

당장 생계에 위협을 느낄 만큼 처절하고 아픈 혜미의 삶과 반대로, 혜미의 월급보다 더 많은 돈이 아무렇지도 않게 사장과 정규직들의 밥값으로 나가는 삶의 모습은 당연하지 않습니다.

아르바이트생이라는 이유로 혜미에게 보장해야 할 최소한의 법적 권리는 생각조차 않는 사장과 은영의 모습을 보면 우리 사회의 불평등한 현실이 씁쓸하게만 느껴져요.

드라마 〈재벌집 막내아들〉에도 우리 사회의 불평등을 비판하는 부분이 나옵니다. 재벌가의 막내 손주로 다시 태어난 도준과 유명 검사의 딸로 태어난 민영은 대학에서 법학과 동기로 처음 만나요. 도준은 소위 좋은 집안 자제들로 구성된 학내 사교 모임에 초대를 받고, 민영을 파트너로 데려가지요.

민영은 도준에게 "졸업 후 사회에 나가 한 자리씩 차지하고 아쉬울 때마다 뒤나 봐주려는 **특권**을 만들어 주는 모임일 뿐"이라며 불쾌

해하고, 자신은 이런 특권을 누려 본 적도 기대해 본 적도 없다며 자리를 박차고 나갑니다.

도준은 민영에게 "그런 특권에서 너도 자유롭다고 생각하느냐, 좋은 머리를 가진 네가 노력해서 얻은 시험 점수로 입학했으니 당당하냐."라고 되물어요. 그리고 다음과 같이 말하지요.

고등학교 3년 내내 아무 걱정 없이 공부할 수 있는 것도,
대학 생활 중 생계가 아닌 학업에만 집중할 수 있는 것도
든든한 부모의 경제적 · 심리적 지원 덕분이 아니냐고 말이에요.

네가 다른 걱정 없이 학업에만 집중할 수 있는 것도
특권이야. 모든 것이 태어날 때부터 너에게
공짜로 주어진 특권이라고.

자, 이제 어떤 생각이 드나요?
여러분과 친구의 삶의 결과는 **평등**하고 **공정**하고 **정의**로운가요?
비정규직 혜미의 삶은 그저 어쩔 수 없는 불행일까요?

그렇다면 여러분은 이제 이렇게 되물어 볼 수 있겠지요. 그럼 어떻게 해야 평등하고 공정하고 정의로울 수 있느냐고요. 또는 이렇게 물을지도 모르겠네요. 이미 굳어진 제도와 사회를 어떻게 바꾸느냐고요.

『지금은 없는 시민』을 쓴 작가 강남규는 무언가를 바꿀 혁신적인 제도나 시스템이 필요하다고 주장하는 것만으로는 어떤 것도 구하거나 바꾸지 못한다고 이야기합니다. 누구도 책임지지 않으면서 시스템이 바뀌기만을 기다리면 어떤 변화도 일어나지 않는다는 뜻이에요.

즉, 어떤 제도나 시스템이 문제라고 탓하며 그것이 바뀌기만을 그저 기다린다면 사회는 여전히 불평등할 거예요.

사회 구조적인 변화가 이루어지기 위해서는 결국 많은 사람이 함께 이야기하고 책임에 대해 생각하고 불평등을 해소하기 위해 마음을 모아야 해요. 따라서 우리가 이야기해야 할 것은 '이 시험이 얼마나 공정한가'가 아니라 다음과 같은 질문들입니다.

우리 사회의 다양한 불평등으로는
어떤 것들이 있는가.
불평등을 해소하기 위해
우리가 해야 할 것은 무엇인가.

「알바생 자르기」 속 혜미가 충분히 인간다운 삶을 살 수 있으려면 어떻게 해야 할까요? 시험을 치르거나 대학을 가지 않아도 열심히 일하는 사람이 비정규직으로 힘들고 불안하게 살지 않으려면 어떻게 해야 할까요? 우리 모두 함께 고민해 봅시다.

• 탐구 활동

◦ 문학 작품 분석이 아닌 다른 방식을 활용해 현실 속 불평등에 대해 생각해 보세요.

#지리 #능력주의

개천에서 용은 살 수 없다

여러분, '개천에서 용 난다.'라는 말을 들어 본 적 있나요?

이 말은 오랫동안 성공에 관한 신화처럼 사용되며 능력주의를 견고하게 만들었어요. 국어사전에 따르면 '개천에서 용 난다.'라는 말은 시원찮은 환경이나 변변찮은 부모에게서 빼어난 인물이 나는 경우를 말해요. 하지만 최근에는 '더 이상 개천에서 용 나기 어렵다.'라는 뜻으로 변해가고 있어요. 왜 그럴까요?

이제는 개천에서 용이 나고 살아갈 수 없는 것일까요?

드라마 〈나의 해방일지〉에서 주인공 창희는 서울에 살지 않는 자신의 처지를 한탄하며 "경기도는 계란 흰자 같대. 서울을 감싸고 있는 계란 흰자."라고 말해요. 드라마를 보던 많은 사람은 이 대사에 공감했지요.

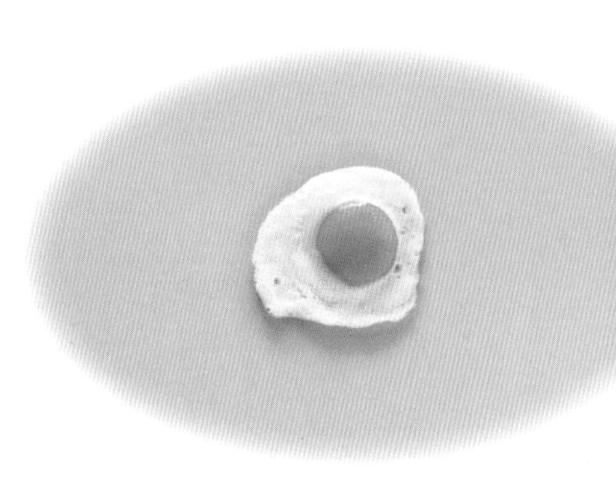

지리적 접근성의 이점이 지대(地代) 남의 토지를 이용하는 사람이 토지 소유자에게 치르는 돈이나 그 밖의 물건이다. 차이를 유발할 때, 계란 노른자와 흰자 사이에는 큰 차이가 있어요. **중심부와의 접근성**이 좋으면 시간, 자본, 정보 등 여러 측면에서 우위를 차지할 수 있기 때문이에요.

역사적으로 볼 때 주어진 지리적 환경을 극복하기는 쉽지 않습니다.

미국의 과학자이자 작가 재러드 다이아몬드가 쓴 『총, 균, 쇠』에 따르면, 지금의 선진국들이 선진국이 될 수 있었던 주요한 요인으로 환경적 요인의 영향과 선점 효과를 꼽을 수 있어요. 중심부에서 벗어날수록 개인적 · 지역적 발전 가능성이 줄어드는 셈이지요.

능력주의는 모든 사람이 공평한 기회를 가진다는 전제 아래서만 의미를 지닙니다.

하지만 누구나 똑같은 환경에서 살고 있나요?

영화 〈시티 오브 갓〉은 브라질 빈민가를 배경으로 해요. 브라질에서는 빈민가라면 어느 곳이든 '파벨라'라고 부르는데, 이곳에서 태어나고 자란 10대 아이들이 영화의 주인공이에요. 아이들은 자연스럽게 마약과 살인을 접하고, 생존을 위해 하루하루를 견뎌요.

능력을 발휘할 수 있는 곳에서 태어나는 것도 운명이라는 생각이 들지요? 능력주의에서는 개인의 의지와 노력을 강조하지만, 개인의 의지와 노력만으로 모든 것을 성취하기는 어려워요.

예전에는 개천에서 용이 간혹 등장하기도 했어요. 하지만 이제 개천은 큰 강에 가려 잘 보이지 않아요. 이처럼 공간적 불균형이 심화하면 중심부와 주변부 또는 빈부 공간에 대한 차별과 혐오가 사회에 팽배할 거예요.

개천의 삶을 이해하고 다양한 기회를 주는 정책이 많아져야 **평등사회**로 올바르게 나아갈 수 있어요.

낙후된 지역에 대한 우선적인 투자를 불공정이라 말하고 차별과 혐오의 시선으로 보는 사람들이 많아질수록, 우리는 계란 노른자와 흰자에서 안타깝게 각자도생할 뿐이겠지요. 공간적 불균형을 해소하고자 계란 흰자에 좀 더 많이 투자하는 것을 불공정하다고 외치는 노른자들은 자신의 삶을 돌아볼 필요가 있습니다.

몇 년 전, 큰 화제가 되었던 드라마 〈SKY 캐슬〉이 기억나나요?

드라마 속 특권층은 자신들의 특권을 유지하기 위해 **게이티드 커뮤니티**(gated community) 자동차와 보행자의 유입을 엄격히 제한하고 보안성을 높인 주거 지역. 출입구 주변에 울타리를 마련하거나 경비원을 고용하는 곳도 있다. 를 만들었어요.

드라마의 폐쇄적인 공동체 안에서 벌어지는 비극은 우리 사회가 직면한 현실과 많이 닮았지요. 능력 지상주의가 **자기 자식 주의**로 승화되어 불의는 참아도 자신이나 가족의 불이익은 참지 못하는 집단을 만들어 가고 있습니다.

지금이라도 능력주의에 가려 무너지고 있는 연대 의식을 높이고, 소멸하고 있는 지방과 주변 지역에 대한 고민을 함께 나눠야 해요. 공간적 불균형이 해소되지 않는 한 우리 사회 속 개천에서 용은 점점 사라질 테니까요.

• 탐구 활동

◦ 소멸 위기에 놓인 지역 한 군데를 선정하고, 그 지역이 직면한 문제점을 어떻게 해결하면 좋을지 대처 방안을 생각해 보세요.

#사회 #능력주의

능력의 기원

인권에서 평등권은 가장 기본적인 권리 중 하나예요.

우리나라 헌법에도 '모든 국민은 평등하다.'라고 명확히 언급되어 있어요. 하지만 평등권에서 말하는 '평등'이 모두를 기계적으로 똑같이 대해야 한다는 의미는 아니랍니다.

대한민국 헌법

제11조 ① 모든 국민은 법 앞에 평등하다. 누구든지 성별·종교 또는 사회적 신분에 의하여 정치적·경제적·사회적·문화적 생활의 모든 영역에 있어서 차별을 받지 아니한다.

우리나라 헌법에서 추구하는 '평등'은 '같은 것은 같게, 다른 것은 다르게'라는 원리를 바탕으로 해요. 합리적 이유가 있으면 각 대상을 서로 다르게 대한다는 의미이지요.

여러분이 잘 아는, 헌법에 정해져 있는 교육을 받을 권리를 살펴보면 '능력에 따라 균등하게' 교육받을 권리를 갖는다고 되어 있어요. 능력이 다르면 교육도 다르게 할 수 있다는 것이지요. 그래서 장애가 심한 학생을 위해서는 특수 학교를, 재능이 특출난 학생을 위해서는 영재 학교를 운영 중이에요.

기회뿐만 아니라 보상도 그 사람이 가진 **능력**에 따라 다르게 주는 것이 우리나라 헌법이 추구하는 '평등'이에요. 굳이 헌법 이야기를 하지 않더라도 우리 사회의 일반적인 가치관으로 보면 개인의 능력에 맞게 사회적 지위나 급여 등의 보상이 주어져야 정당하다고 느껴지지요. 실제 사회도 그렇게 운영되고 있고요.

능력주의에서 말하는 '능력'은 '업적' 또는 '실적'으로 번역하는 것이 정확하다. 본문에 능력이라고 적힌 부분도 업적으로 바꿔 읽으면 이해하기 더욱 쉽다.

그런데 개인의 능력을 온전히 개인의 '업적'이라고 할 수 있을까요?

부모나 또래 집단 등 사회적 환경도 개인의 능력에 영향을 주지 않을까요?

개인을 이루는 성격, 능력, 취향 등의 퍼즐 조각들은 내가 본래 가지고 있던 것이 아니라 자라는 동안 주변의 영향을 받으며 채워진 것이 아닐까요?

사회학이 등장한 19세기 이후 개인과 사회의 관계는 늘 논쟁거리였어요. 사회학이라는 학문 자체가 '사회'가 실체로 존재한다고 간주하고, '사회'의 특징을 과학적 방법으로 연구하면서 나타났거든요.

사회학이 처음 등장했을 때, 사회는 단순한 개인의 집합이 아니라 실제로 존재한다는 주장이 우세했어요. 이런 주장을 **사회 실재론**이라고 합니다.

사회 실재론에서 사회란 단순한 개인의 집합과 다른 별개의 실체로서 개인의 외부에 존재해요. 개인의 특징과 다른, 사회만의 고유한 특징을 지니지요. 많은 조각을 맞춰 퍼즐을 완성하면 각 조각과는 다른 별개의 그림이 완성되는 것처럼 말이에요.

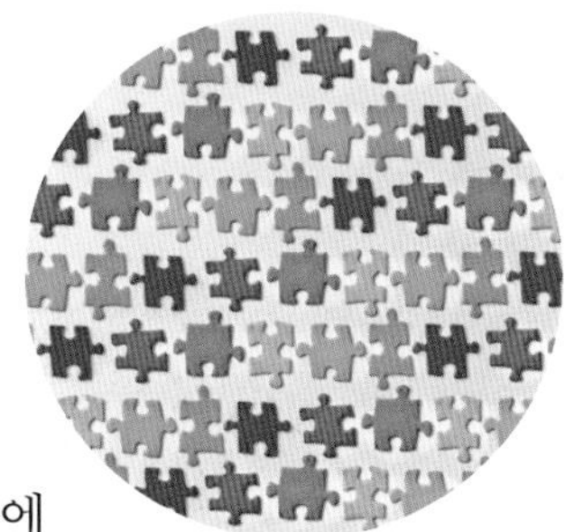

20세기에 이르러 사회 실재론을 반대하며 **사회 명목론**이 등장했어요.

사회 명목론에서 사회란 개인의 집단에 '사회'라는 이름을 붙인 것에 불과하고, 별개의 실체가 아니에요. 사회 명목론에 따르면 사회를 구성하는 개인의 특징을 합친 것이 곧 그 사회의 특징이에요. 퍼즐 조각들을 맞추지 않고 그저 낱개로 늘어놓기만 하면 한데 모아도 아무런 의미가 없는 것처럼 말이에요.

사회 실재론에 따르면 개인의 능력과 업적은 개인이 속한 사회 집단의 영향을 받은 결과입니다. 사회 구조 자체가 불평등하면 지배층과 피지배층이 서로 다른 수준의 교육을 받을 테고, 지배층이 피지배층보다 더 뛰어난 능력을 갖출 가능성이 커요. 참고로 사회 실재론의 관점 중 사회 발전을 위해 불평등이 필요하다는 관점도 있지만 여기서는 언급하지 않을게요.

사회 실재론의 관점에서는 개인의 능력에 따라 보상을 주면
사회적 불평등이 유지될 뿐이라고 주장해요.

사회 명목론에 따르면 개인의 능력과 업적은 사회의 영향 없이 개인이 타고난 능력과 노력으로 이룬 결과입니다. 개인의 뛰어난 능력은 그 개인이 타고난 능력을 바탕으로 스스로 노력한 결과이지 사회가 영향을 준 것은 아니라고 생각해요.

사회 명목론의 관점에서는 개인의 능력과 업적에 따라
보상을 달리하는 것은 정당하고
아무런 사회적 문제가 없다고 주장해요.

여러분이 생각하기에는 어떤 주장이 더 옳은 것 같나요?

사회 실재론은 사회의 영향을 강조한 나머지 개인이 자율성을 지닌 존재라는 것을 간과해요. 우리는 사회적 환경에 영향을 받지만, 환경을 극복하기 위해 스스로 노력하는 존재이기도 하거든요.

사회 명목론은 개인이 사회적 환경의 영향을 받는다는 것을 고려하지 않아요. 우리가 각자 처한 사회적 상황의 영향을 받아 특정한 생각이나 태도를 지닐 가능성도 있는데 말이에요.

사회 현상을 제대로 이해하기 위해서는
사회 실재론과 사회 명목론의 관점을
모두 고려해야 해요.

개인의 능력은 그 개인이 속한 사회 집단과 사회적 상황의 영향을 받는 것은 물론이고, 개인의 노력을 통해서도 형성된다고 봐야 능력주의에 제대로 접근할 수 있답니다.

• 탐구 활동

◦ **친구들과 사회 문제를 하나 선택한 뒤 문제의 원인과 해결책 등을 정리해 보세요. 나와 친구들이 이야기한 내용이 사회 실재론과 사회 명목론 중 어디에 해당하는지도 구분해 보세요.**

#역사 #능력주의

시험은 공정한가

이번에는 여러분이 역사 시간에 배운 내용과 과거의 인물을 대상으로 능력주의에 대해 생각해 볼게요.

예로부터 우리 사회는 '공정'과 '승복 납득하고 따른다는 뜻이다. '을 표방하며 철저한 시험 체제를 만들고자 했어요. 가장 대표적인 사례로 동아시아 역사에 있었던 일종의 공무원 채용 시험, **과거**(科擧)를 꼽을 수 있어요. 다음은 조선 시대에 함경남도에서 시행된 과거 시험을 보여 주는 그림이에요.

▲ 한시각, 「북새선은도－길주과시」

우선 과거는 크게 문과, 무과, 잡과로 나누어져요. 문과는 정기 시험의 경우 소과와 대과로 나누어지고, 각각 세부적으로 많은 절차가 있어요. 그중에서 무과는 소과, 대과의 구분 없이 진행되었어요. 문과와 무과 모두 특정 시기를 제외하고는 갑과, 을과, 병과로 나눈 뒤 과마다 순위를 참고해 관직을 수여했고요.

과거 시험 한 번에 보통 문과 총 33명, 무과 총 28명이 대과를 통과하고 순위를 부여받았어요. 지금과 비교하면 아주 적은 수를 뽑았지요. 즉, 과거는 몹시 어려운 시험이었답니다. 그렇다면 16세기에 무과를 급제한 두 인물로는 누가 있을까요?

바로 **이순신**과 **원균**이랍니다.

둘 다 여러분이 잘 아는 인물들이지요? 이순신과 원균은 모두 1592년부터 조선을 뒤흔든 전쟁에 참전한 무관들이에요. 위 사진을 보면 알 수 있듯 한 명은 영웅으로 추앙받지만, 또 다른 한 명에 대한 평가는 분분합니다.

두 사람의 과거 응시 결과는 어땠을까요?

이순신은 1572년 28세 때 훈련원별시에서 실격하고, 계속 무예를 닦아 4년 뒤 식년시 무과에 병과 4위(12등)로 급제했어요. 원균은 1567년 식년시 무과에 응시했는데, 을과 2위(5등)로 관직에 나아갔고요.

시험 결과로만 보면 누가 더 능력이 뛰어난 것 같나요?

1592년 당시 이순신은 전라좌도 수군절제사, 원균은 경상우도 수군절도사로 근무하고 있었어요. 그런데 전쟁 중, 전공(戰功) 전투에서 세운 공로를 뜻한다. 문제로 다툼이 생기고 부산포로의 출정 문제가 불거졌어요. 그 결과 이순신은 파직되고 원균이 삼도 수군통제사로 임명되었습니다.

▲『회본태합기』의 명량 해전도

이후 원균은 칠천량 해전에서 대패한 뒤 일본군에 의해 전사했어요. 조선은 바다를 장악하기 어려워졌지요. 혼란이 찾아 왔지만 이순신은 다시 삼도 수군통제사로 임명된 뒤 명량 대첩에서 승리를 거두며 바다를 장악했고, 다시 수군을 정비하기 시작했어요. 그리고 노량에서 퇴각하는 일본군을 추격하며 전투하던 중 최후를 맞이했습니다.

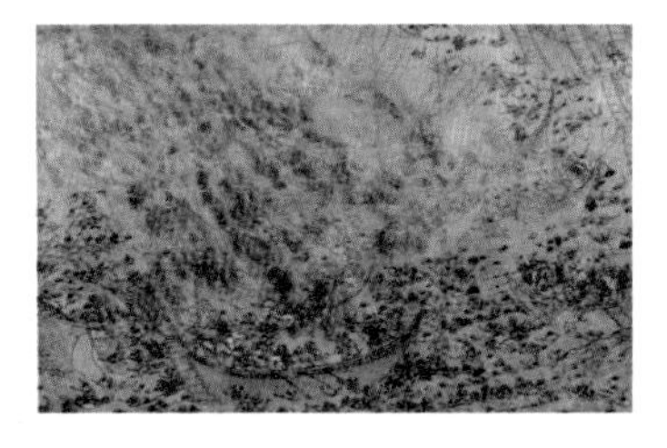
▲『정왜기공도권』의 노량 해전도

자, 이제 다시 생각해 봅시다.

이순신과 원균 중 누가 더 능력 있는 사람 같나요?

시험이 과연 시험 이후까지 판별할 수 있을까요?

게다가 과거는 신분 제도 아래서 정치력, 경제력을 어느 정도 갖춘 사람들만 응시할 수 있는 시험이었어요. 현재보다 응시생의 범위가 제한적이었다는 뜻이에요.

그렇다면 시험을 보지 않고도 능력을 발휘한 사례는 없을까요?

여러분이 아는 대표적인 인물로 과학자 **장영실**을 들 수 있어요. 장영실은 출신이 불명확하지만, 동래현 지금의 부산이다. 의 관노 관아에 소속된 노비이다. 로 있을 때 세종에게 재주를 인정받고 면천(免賤) 천인의 신분에서 벗어나는 것을 말한다. 되면서 능력을 발휘하기 시작했어요.

장영실의 유명한 발명품으로는 천문 기기인 간의와 혼천의, 시계인 앙부일구와 자격루 등이 있어요. 다음 오른쪽 사진이 바로 창경궁에 있는 자격루랍니다. 또한 장영실은 다른 사람들과 함께 갑인자 등의 활자와 인쇄기 발명에도 영향을 주었답니다.

▲ 장영실

▲ 자격루

장영실을 채용한 **세종** 역시 시험을 보고 왕이 된 인물은 아니에요.

▲ 세종

세종은 태종 이방원의 셋째 아들로 태어나 왕의 자리에 올랐고, 여러분이 아는 것처럼 많은 업적을 남겼어요.

물론 당시 사회에서 왕의 자손이라는 이점이 있었지만, 성군과 폭군이 모두 존재했던 역사적 사례를 살펴볼 때 세종이 유능했다는 점은 부인할 수 없어요.

여러분, 지금까지 과거에 합격한 원균과 이순신 그리고 과거를 보지 않고도 능력을 발휘한 장영실과 세종의 예시를 살펴봤어요.

▲ 세종대왕릉(경기 여주)

아직도 과거가 능력을 잘 보여 주거나 잘 평가하는 시험인 것 같나요?

당시 무과 합격 상황을 보면 원균은 이순신보다 높은 평가를 받았고, 이순신은 과거에 떨어지거나 원균에 비해 낮은 등수를 받기도 했어요. 그렇다면 이순신과 원균은 과거를 통해 능력을 적절하게 평가받았다고 볼 수 있을까요?

먼 옛날의 일이기 때문에 공정한지 아닌지 판단할 수 없다고 생각하나요? 아니면 다른 이유가 있나요? 시험이 그토록 공정하고 철저한 제도라면 시험을 통과하지 않고도 능력을 발휘한 사람들은 어떻게 바라봐야 할까요?

예전에는 신분이라는 한계가 있어서 그렇다고 생각할 수 있지만, 지금도 시험을 보기 위해서는 어느 정도 경제적 뒷받침이 필요하답니다. 시험에 응시하려면 응시료를 내야 하기도 하고, 시험 대비용 문제집을 사기도 하니까요.

오늘날 시험을 보지 못하는 사람 중에는 과연 능력 있는 사람이 없을까요?

오히려 시험이라는 제도가 누군가 능력을 발휘할 기회를 가로막고 있는 것은 아닐까요?

시험이 정말 공정한지 아닌지뿐만 아니라 시험의 영향력에 대해 이야기해 봐도 좋겠습니다.

● 탐구 활동

◦ **시험을 대체할 수 있는 평가 제도가 있는지 찾아보세요.**

#미술 #능력주의

인상주의 화가들의 흑역사

18~19세기 프랑스는 미술의 중심지였어요.

당시 화가들의 주요한 활동 무대는 살롱이었습니다. 살롱은 정부와 아카데미에 의해 주최되는 공모전이자 입선 작품이 공개되는 전람회였어요. 동시에 실력 있는 화가로 인정받을 수 있는, 가장 권위 있는 기회의 장이었고요.

화가들은 살롱에서 작품 구매자를 만나고 작품값을 올릴 수도 있었어요. 그러니 살롱전의 당락은 그들의 생계와도 직결된 문제였지요. 당시 살롱에서 능력 있는 화가로 평가받으려면 어떤 기준을 충족해야 했을까요?

첫째, 당시 사회의 도덕에 기초해 훌륭한 가치를 지닌 그림을 그려야 했어요. 역사, 정치, 종교, 신화, 왕족의 초상화 등 도덕적이라고 여겨지는 주제를 그린 작품들이 높은 평가를 받았어요.

둘째, 이상적 아름다움을 추구해야 했어요. 인물을 개성 있고 파격적으로 표현하는 것이 아니라 품격 있고 완전무결한 인간을 그려야 했지요.

셋째, 드로잉, 비례, 명암, 배열, 색 등 기술적인 부분에서 엄격한 규칙을 따라야 했어요.

그런데 19세기에 이르러 전통과 관습에 정면으로 도전장을 내민 화가들이 나타났어요.

바로 현대인의 사랑을 한 몸에 받는 **인상주의 화가**들입니다.

인상주의의 창시자로 알려진 프랑스의 화가 **에두아르 마네** 인상주의를 개척한 인물인데, 근대 회화의 아버지라고도 불린다. 는 1863년 살롱에서 주목받았습니다. 안타깝게도 좋은 쪽으로 주목을 받은 것은 아니었어요. 마네에게 있어 아주 굴욕적인 사건이었지요.

▲ 에두아르 마네

당시 살롱은 대회를 열었는데 약 5,000점의 출품작 가운데 절반 이상을 떨어뜨렸어요. 그러자 많은 화가가 이는 예술에 대한 학살이라며 분개했지요.

당시 프랑스 황제였던 나폴레옹 3세는 "작품에 대한 판단은 관중에게 맡기겠다."라고 하며 낙선작들을 모아 낙선전(展)을 열었어요.

낙선전에는 마네의 작품 「풀밭 위의 점심 식사」도 있었습니다.

▲ 에두아르 마네, 「풀밭 위의 점심 식사」

입소문을 타고 수천 명의 사람이 전시장을 찾으면서 낙선전은 성공을 거뒀지만, 화가들의 기대와 달리 사람들은 낙선 작품들을 조롱했어요. 특히 나폴레옹 3세는 「풀밭 위의 점심 식사」를 불손하다고 표현하며 부도덕한 그림으로 낙인찍었다고 합니다.

「풀밭 위의 점심 식사」 속 여인은 부끄러운 기색 없이 벌거벗고 턱을 괸 채 관람객을 빤히 응시하고 있어요. 신화나 역사와 관련 없는 데다가 당시 기준으로는 붓질과 입체감 표현도 엉성해 여인의 흰 살갗이 노골적으로 드러났고요.

하지만 살롱의 선택을 받지 못한 수많은 젊은 화가는 마네의 그림을 보고 감동했어요. 그들은 가슴속에 열정의 불꽃을 지닌 채 서로 뭉쳤지요.

변화가 시작되었습니다.

몇몇 화가들은 살롱의 보수적인 심사 제도 자체를 경멸했어요. 그들은 자기들끼리 조합을 만들어 직접 단체전을 열었지요. 에드가 드가, 클로드 모네, 오귀스트 르누아르 등 젊은 화가들도 부푼 꿈을 안은 채 전시에 참여했고요.

하지만 신문에서는 그들의 전시를 수위 높게 조롱했어요. 그중 그림을 정교하게 완성하지 못하고 스케치같이 순간적인 인상만 그렸다는 의미로 "인상주의자들의 전시회"라는 평이 있었답니다. 화가들은 보란 듯이 이를 받아들여 자신들을 스스로 **인상주의자**라고 부르기 시작했어요.

LE CHARIVARI

‘인상주의자’들의 전시회

미(美)에 대한 선전포고!

▲ 클로드 모네, 「인상, 해돋이」

당시 인상주의 작가들은 “멍청하고 더럽다.”, “미(美)에 대한 선전포고” 등 세간의 날 선 비난을 견뎌야 했어요. 하지만 오늘날 인상주의는 현대인에게 가장 인기 있는 화파(畫派) 회화에서, 그림을 그리는 이들의 사상·기법·생각 따위에 따라 나눈 갈래나 무리를 뜻한다. 중 하나예요.

▲ 클로드 모네, 「수련」

보기만 해도 편안하고 기분 좋게 느껴지는 작품들, 참 '인상'적이지요?

당시 마네는 미술 평단에서 능력과 자질이 부족하다고 평가받았지만 젊은 세대 무명작가들에게는 영웅으로 여겨졌어요. 후대에는 미술사의 새로운 막을 연 사람으로 이름을 남겼고요.

시대가 달라짐에 따라 예술가의 능력이 재평가되는 경우는 아주 흔해요. 네덜란드 출신의 프랑스 화가 빈센트 반 고흐 인상주의의 영향을 받아 독특한 화풍을 확립했고, 20세기 초반 등장한 포비즘(야수파)에 영향을 끼쳤다. 처럼 말이에요. 현재 고흐는 위대한 예술가로 인정받지만, 정작 생전에는 단 하나의 작품밖에 팔지 못했거든요.

▲ 빈센트 반 고흐

영국의 미술사학자 에른스트 곰브리치가 지은 『서양미술사』는 전 세계에서 가장 많이 팔린 미술사 책이에요.

그런데 이 책의 초판에는 놀랍게도 여성 화가가 한 명도 나오지 않았답니다. 선사 시대부터 현대까지 서양 미술의 역사 전체를 되짚은 책인데도 말이에요.

▲ 에른스트 곰브리치

그만큼 미술사에 기록되거나 기억되는 예술가가 능력과는 별개로 한쪽으로 치우쳐 소개되고 있다는 것을 보여 주지요.

**오늘날 우리가 예술가들을 평가하는 관점은 공정할까요?
무언가 놓치고 있는 부분은 없을까요?**

• 탐구 활동

- 미술 작품의 가치를 평가하는 다양한 관점에는 어떤 것들이 있는지 찾아보세요.
- 여러분이 생각했을 때 우수한 미술 작품의 기준은 무엇인지 말해 보세요.

#윤리 #능력주의

능력과 행운 그리고 불운

우리 사회에서 능력을 바라보는 시선은 두 가지로 나눌 수 있어요. 하나는 개인의 능력에 의해 성공과 실패가 결정된다는 능력주의적 시각이고, 또 하나는 부모의 능력에 의해 태어날 때부터 자녀의 인생 전망이 달라진다는 수저 계급론적 시각입니다.

전자는 개인의 능력을 지나치게 높이 평가하고, 후자는 개인의 능력을 지나치게 사소한 것으로 평가해요. 이처럼 상반된 시각은 나름의 호소력을 지닌 채 사람들에게 받아들여지고 있습니다. 과연 어느 입장이 더 진실에 가까울까요?

영국의 사회학자 마이클 영의 소설 『능력주의』에는 능력주의(meritocracy)라는 용어가 등장합니다.

우리 사회에서 능력주의는 **입시**라는 제도를 통해 학교의 일상을 지배하고 있어요. 학생들은 학교에서 수많은 시험을 치르며 자신의 능력을 보여 줘야 한다는 요구에 시달리지요. 학교 그리고 사회에서 지속적인 선발 과정을 통해 선발된 소수는 오만함을, 선발되지 않은 다수는 패배감과 열등감을 느껴요.

즉, 경쟁과 서열을 중시하는 능력주의는 각자도생 사회를 당연시함으로써 사람들 간의 연대 의식과 공동체 의식을 약화합니다.

그런데 정말 사람들의 능력은 개인의 재능과 노력에 의해서만 결정될까요?

미국의 사회학자 스티븐 맥나미와 로버트 밀러 주니어는 다음과 같이 말했어요. 능력주의의 기본 원칙은 '기회의 평등'이지만 이 기회가 동일하게 주어지지 않는다고 말이에요.

부모의 경제적 자원, 가족의 계층 배경, 부의 세습, 특권의 대물림, 우수한 교육, 사회적·문화적 자본, 차별적 특혜, 태어난 시기, 시대적·사회적 상황 등의 요인이 개인의 출세나 성공에 지대한 영향을 미친다는 뜻이지요.

부모로부터 많은 것을 물려받는 인생이라는 경주에서 누구나 같은 출발선에 있다고 말하는 능력주의는 사실상 허구입니다. 오히려 부모에서 자식으로 이어지는 이어달리기에 더 가까워요.

삶을 세심히 살펴보면 많은 우연적 요소가 우리 인생을 결정한다는 것을 알 수 있거든요.

사람들의 인생 전망을 가장 크게 좌우하는 우연성은 무엇일까요?

미국의 철학자 존 롤스는 우연성을 세 가지로 나누었어요. 첫째, 개인이 타고나는 재능이나 성격 등을 뜻하는 천부적 우연성입니다. 둘째, 부모의 사회적·경제적 지위를 뜻하는 사회적 우연성이고요. 셋째, 살아가면서 겪는 행운과 불운을 뜻하는 우발적 우연성이에요.

어떤 부모 아래서 태어나는가?
어떤 재능과 성격을 타고나는가?
어떤 사회적 여건에서 살아가는가?

롤스가 말한 우연적 요소를 어떻게 받아들여야 할까요? 누군가 사회, 부모, 재능, 성격 등의 요소에 있어 엄청난 혜택을 받고 태어났다면 그 결실을 마음껏 누려도 괜찮을까요? 반대로 누군가 사회, 부모, 재능, 성격 등의 요소에 있어 아무런 혜택을 받지 못하고 태어났다면 변함없이 그 삶을 살아가야만 할까요?

사회에서 천부적 우연성과 사회적 우연성을 어떤 관점으로 바라보는지, 제도적으로는 어떻게 처리하는지에 따라 그 사회에서 살아가는 사람들의 삶의 모습과 인생 전망이 달라지지 않을까요?

롤스에 따르면, 천부적 우연성과 사회적 우연성은 스스로 선택한 것이 아니므로 이를 정의의 원칙에 따라 통제해야 해요. 예를 들어 운명으로부터 많은 혜택을 받아 유리한 처지에 놓인 사람들은 자신의 재능을 마음껏 발휘해 그 혜택을 누리면서도 일정 부분은 세금을 통해 사회에 환원할 수 있어요.

국가는 불우한 환경에 처한 사람들이 스스로 선택하지 않은 우연성 때문에 피폐한 삶을 살지 않도록 인간다운 삶을 보장해야 해요. 예컨대 인생 초기에 재능을 계발할 기회를 주며 능력을 키울 수 있는 환경을 제공할 수 있지요.

이처럼 **능력**은 개인의 노력과 의지의 산물이기도 하지만 천부적 우연성 또는 사회적 우연성의 산물이기도 해요. 살아가면서 겪는 행운과 불운, 질병과 사고, 경제적 상황에 영향을 받기도 하지요. 또한 개인이 능력을 발휘하기 위해서는 안정적인 사회 제도와 많은 사람의 협력이 필요하답니다.

성공과 실패의 요인을 개인의 능력만으로 판단하는 것은 진실의 한 조각에 불과해요. 그렇다면 또 다른 진실은 무엇일까요? 바로 삶을 지배하는 우연의 영향을 인정하고, 인간은 협력적 존재라는 사실을 수용하는 거예요.

즉, 서로의 행운과 불운을 함께 공유하는 따뜻한 공동체를 만들어 가야 한답니다.

• 탐구 활동

◦ 자신이 이루고자 하는 꿈이 무엇인지 생각해 보고, 그 꿈을 이루기 위해 어떤 사람들의 협력이 필요한지 탐구해 보세요.

step 1 바라보기

◆ '자꾸 이야기해야 하는 불평등', '개천에서 용은 살 수 없다'를 읽고 현대 사회의 불평등을 이야기하는 문학 작품을 찾거나 시사 자료를 탐구한 뒤 두 가지 이상의 사례를 친구와 공유해 보세요. 사례가 능력주의를 제대로 반영하는지, 그렇지 않은지에 대해서도 이야기해 보세요.

사례 선정	
사례에 대한 나의 생각	

◆ '시험은 공정한가', '인상주의 화가들의 흑역사'를 읽고 현재 학교 시험의 한계를 성찰한 뒤 이를 극복할 수 있는 방안 한 가지를 써 보세요.

학교 시험의 한계	
극복 방안	

step 2 생각하기

♦ '능력의 기원'을 읽고 사회 실재론과 사회 명목론의 입장에서 현재 수능 시험의 공정성을 분석한 뒤 능력주의의 긍정적·부정적 영향을 논의해 보세요.

수능 시험의 공정성	
능력주의의 영향	

♦ '능력과 행운 그리고 불운'을 읽고 우연적 요소를 배제하기 위해 국가 차원에서 정책을 수립할 필요가 있는지 토론해 보세요. 필요하다면 구체적으로 어떤 정책을 수립할 수 있을지도 제안해 보세요.

정책 수립 논의	
정책 제안	

step 3 표현하기

♦ 새롭게 생긴 '행복' 나라는 정치·경제·교육 측면에서 국가 운영 원칙을 형성하기 위해 국민 토론을 진행하고 있습니다. '행복' 나라에 필요한 부문별 기본 원칙을 정한 뒤 그 기본 원칙을 국기(國旗)에 반영해 보세요.

'행복' 나라의 운영 원칙 형성 및 국기 제작

원칙 형성

• 정치(조건: 최대한 많은 사람이 참여하도록 함)

❶ 모든 사람이 참여할 수 있는 방안으로는 무엇이 있을까?

❷ 어떤 정치 제도(대통령제, 의원 내각제 등)를 선택해야 좋을까?

• 경제(조건: 개인의 능력에 따른 생활을 보장함)

❶ 개인의 경제생활에 국가가 개입해야 할까?

❷ 모든 국민에게 기본 소득을 제공해야 할까?

• 교육(조건: 개인의 선택을 존중하되 평등의 실현도 고려함)

❶ 학교의 단계를 어떻게 나눠야 할까?

❷ 기회의 평등을 어떻게 실현할 수 있을까?

• 내가 정한 '행복' 나라의 정치 · 경제 · 교육 원칙이 잘 드러나도록 여러 색깔, 문양 등을 사용해 국기를 그려 보세요.

국기 제작

#거리 두기

함께 서 있되
너무 가까이 서 있지는 말아야 합니다.
사원의 기둥들도 서로 떨어져 있으며
참나무나 사이프러스 나무도
서로의 그늘에 가리면
잘 자랄 수 없는 것을
우리는 알지 않습니까?

\- 칼릴 지브란

- ○ 전염병의 역사, 스페인 독감과 흑사병 #역사
- ○ 사회적 거리 두기 정책, 정당한가 #사회
- ○ 자연과의 거리 두기 실패 #지리
- ○ 지식의 권위로부터 거리를 둔 미술 감상 #미술
- ○ 나 자신과의 거리 두기 #윤리
- ○ 넘쳐 나는 정보로부터 거리 두기 #국어

#역사 #거리 두기

전염병의 역사, 스페인 독감과 흑사병

2019년, 먼지보다 작고 인간이 처음 보는 변종 바이러스가 나타났다는 소식이 들려왔어요. 바로 코로나19 바이러스입니다.

처음에는 별일 아닐 것이라고 생각하며 크게 관심을 두지 않았지만 곧 우리나라에도 코로나19 바이러스가 퍼졌고, 사람과 사람 사이에 거리를 두어야 하는 삶이 시작되었어요.

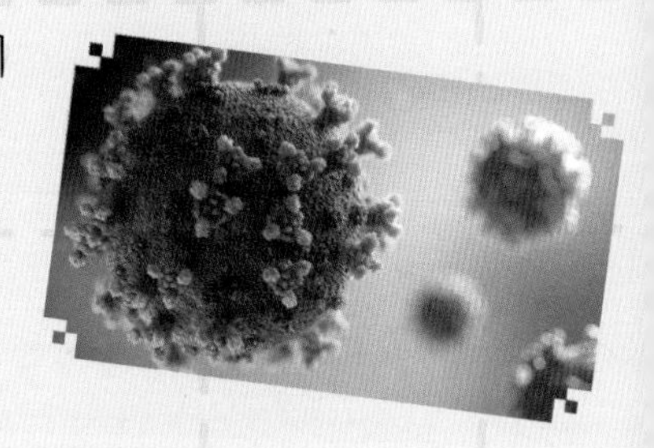

인간 역사에서 이런 경험이 처음일까요?

영국의 역사가 E. H. 카는 『역사란 무엇인가?』라는 책에서 역사를 **과거와 현재의 대화**라고 정의했답니다. 과거 기록을 통해 역사를 현재 입장에서 생각해 볼 수 있다는 의미입니다.

즉, 과거의 많은 역사적 경험을 토대로
현재를 다시 한번 생각할 수 있다는 이야기이지요.

코로나19 바이러스에 대해 이야기하기 앞서 1918년 스페인 독감이 창궐할 때 우리나라에서 발행된 신문 기사와 통계 자료를 살펴볼게요.

다음은 스페인 독감과 관련된 신문 기사입니다.

감기 예방은 이것이 첫째이다.

돌림감기는 더욱 서서히 퍼져서 그치지 않음으로 그 예방에 대해서 …… 예전부터 일종의 감기가 별안간에 발생해 각처를 빗자루로 쓰는 것처럼 유행함으로 예방하기에 고심 중인데 다행히 이번 감기는 모두 증세가 가벼워 …… 일주일 동안 병을 털고 일어나며 이 감기로 다른 병만 덮치지 않으면 목숨에는 상관이 없다 하니 안심은 되지만 이것을 어찌해야 예방할 수 있는 것은 아직 아무 방법이 없고 각자 예방하는 수밖에 도리가 없으며 병의 근원을 자세하게 알 수 없으니 이렇게 하면 좋겠다 할 수는 없으나 …… (아프면) 학교에 가지 않토록 하여야 공중의 위생에 가장 필요한 일이다. (후략)

-『매일신보』, 1918. 10. 30.(수정 인용)

다음은 스페인 독감의 유행 시기, 환자와 사망자 자료예요.

유행 시기		제1차 1918~1919(이행기)	제2차 1919. 11.~1920. 4.	제3차 1920. 10.~1921. 3.
환자	조선인	7,390,414	378,440	33,720
	일본인	159,916	52,270	
	외국인	6,079	852	
사망자	조선인	139,137	41,407	1,208
	일본인	1,297	2,637	
	외국인	93	54	
합계	환자	7,556,693	431,429	33,720
	사망자	140,527	43,899	1,208
환자 100명당 사망자		1.85	10.18	-

(단위: 명)

- 김영수, 「제국 일본의 인플루엔자 대응과 방역 정책-식민지 조선의 사례를 중심으로」,『역사학보』, 2021-12, 2021, p.44(발췌)

스페인 독감은 당시 우리나라에서 생각보다 오랫동안 지속되었고, 환자와 사망자도 많이 발생했습니다. 현재 의료 체제보다 훨씬 낙후된 시대였지만 바이러스에 대응하는 방식은 비슷했어요. 아프면 외출하지 않고 쉬기, 공중위생 강조하기 등 현대 사회의 전염병 예방 조치와 크게 다르지 않았지요.

이번에는 유럽의 사례를 알아볼까요?

14세기경 유럽에 흑사병이 유행해 유럽 인구의 3분의 1이 사망했어요. 그러자 노동력이 부족해져 인건비가 상승했지요. 단순히 풀을 베는 사람을 구할 때도 품삯을 올리지 않으면 사람을 구하기 어려웠다고 합니다. 일손을 구하지 못하면 수확을 할 수 없어 작물이 썩어 버리기 일쑤였고요.

참고로 흑사병은 현대에도 존재하는 질병인데, 페스트균이 일으키는 급성 전염병이에요. 오한, 고열, 두통, 현기증 등의 증상이 나타나고 심하면 사망에 이르지요. 우리나라에서는 「감염병의 예방 및 관리에 관한 법률」에 제1급 감염병으로 분류되어 있답니다.

당시 유럽 사람들은 화성, 목성, 토성의 결합으로 주변 공기가 오염돼 흑사병이 생긴다고 생각했어요. 종교적으로는 흑사병을 신의 형벌이라고 여겼고요. 흑사병 대응 방법으로는 기도, 금식, 살육, 외부인 출입 금지, 흑사병에 걸린 사람의 집을 불태우기 등 현재와 비슷하지만 다른 대책들이 나타났어요.

현대인의 시선으로 바라보면 이상한 대처 방법이라고 생각할 수도 있지만 지금과 다른 사상·문화 체제 아래서 생활하던 사람들이 내린, 나름대로 합리적인 결론이었지요.

흑사병 이후 유럽 사회는 엄청난 변동을 겪었어요. 사망자가 많아 노동력이 부족해지는 현상은 중세 유럽 봉건제의 붕괴를 불러왔지요. 장원 8~12세기경 유럽에서 자급자족 경제를 이루던 농촌 사회 조직. 영주는 장원을 보유하고, 농민(대부분 농노)은 장원에서 경작하며 살아갔다. 농민은 집과 토지, 농기구 등을 소유할 수 있지만 거주 이전의 자유가 없고 부역과 공납의 의무를 졌다. 이 점차 해체되었고 이를 막기 위해 영주들이 장원을 강화하는 상황에서 자크리의 난, 와트 타일러의 난 등 여러 농민 봉기가 일어났어요. 전염병이 사회 변화를 불러일으키는 역할을 한 것이지요.

이처럼 인간은 큰 위험을 겪고 난 이후 사회와 자신을 변화시키며 고난을 극복해 왔어요.

E. H. 카의 말처럼
과거와 현재의 대화를 통해
어떻게 사회를 바꿔 나가야 할지 고민해 봅시다.

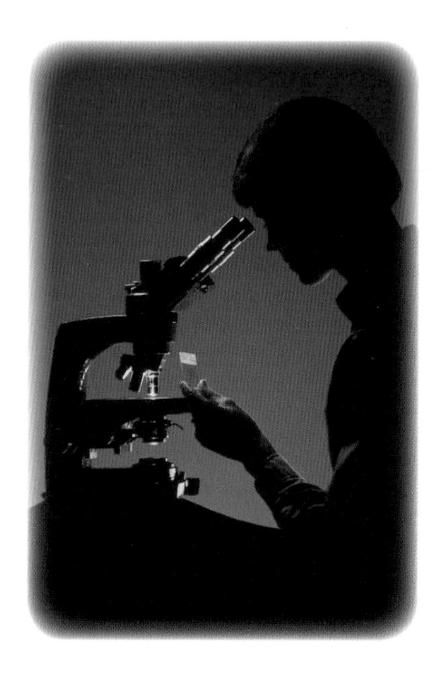

• 탐구 활동

◦ 코로나19 바이러스를 겪은 뒤 개인적·사회적 차원에서 어떤 변화가 일어났는지 이야기해 보세요.

#사회 #거리 두기

사회적 거리 두기 정책, 정당한가

코로나19 바이러스가 퍼지는 것을 막기 위해 우리나라 정부는 사회적 거리 두기 정책을 실시했어요.

우리는 답답하지만 언제나 마스크를 착용해야 했어요. 다른 사람을 만날 수 있는 시간과 만날 수 있는 인원수가 제한됐고, 콘서트나 스포츠 경기는 제대로 열리지 못했지요. 식당에서는 손님을 제대로 받지 못해 손해를 보기도 했고요.

코로나19 바이러스의 전파를 방지한다는 목적이 있었긴 하지만, 정부는 우리가 자유롭게 행동하지 못하도록 막았어요. 어떤 사람은 정부의 사회적 거리 두기 정책에 불만을 드러내고 정부를 상대로 재판을 신청하기도 했어요. 자유를 지나치게 제한한다고 말이에요.

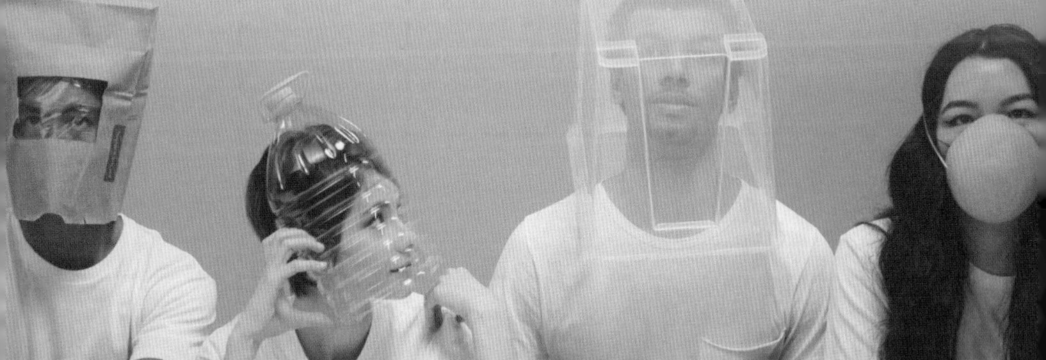

정부의 사회적 거리 두기 정책은 과연 정당했을까요?

우리가 인간으로서 가지는 기본적 인권을 **기본권**이라고 해요. 우리는 기본권을 보호받기 위해 국가라는 공동체 안에서 함께 살아가고 있습니다.

기본권을 침해당할 경우, 국가와 같은 큰 힘을 지닌 존재로부터 보호받을 수 있어요. 만약 국가가 없다면 다른 누군가가 나의 기본권을 침해할 수도 있겠지요. 그래서 우리는 국가를 만들어 우리의 기본권을 보호하도록 했어요.

그런데 사회적 거리 두기 정책처럼
국가가 국민의 기본권을 제한하기도 해요.

우리는 많은 사람과 함께 살아가는 존재예요. 나만 생각하며 기본권을 무제한으로 행사하다 보면 주변 사람에게 피해를 줄 수 있어요. 이때 국가는 사회 구성원 모두의 이익을 위해서 개인의 기본권을 제한할 수 있어요.

그렇지만 국가는 개인보다 몹시 강력한 힘을 지니고 있으므로 국가가 우리의 기본권을 과도하게 제한하는 문제가 발생할 수도 있어요. 그래서 국가가 국민의 기본권을 제한할 때 지켜야 하는 기준을 헌법에 정해 놓았어요.

그중 몇 가지 기준을 살펴보며 사회적 거리 두기 정책이 우리의 기본권을 정당하게 제한하고 있는지 생각해 보도록 해요. 다음은 **기본권 제한 조치**의 세 가지 종류입니다.

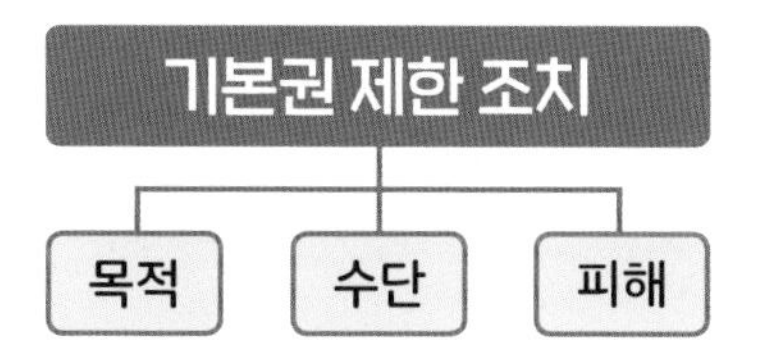

첫째, 국가가 기본권을 제한하는 목적이 정당해야 해요. 사회적 거리 두기 정책의 목적, 즉 코로나19 바이러스 전파 방지는 정당한 목적인 것 같나요?

둘째, 국가가 정당한 목적으로 기본권을 제한하더라도 국민에게 피해를 가장 덜 주는 수단을 사용해야 해요. 코로나19 바이러스 감염 방지를 위한 방법들로는 무엇이 있을까요? 그 방법들 가운데 우리나라가 시행한 사회적 거리 두기 정책이 가장 적절한 방법이었을까요?

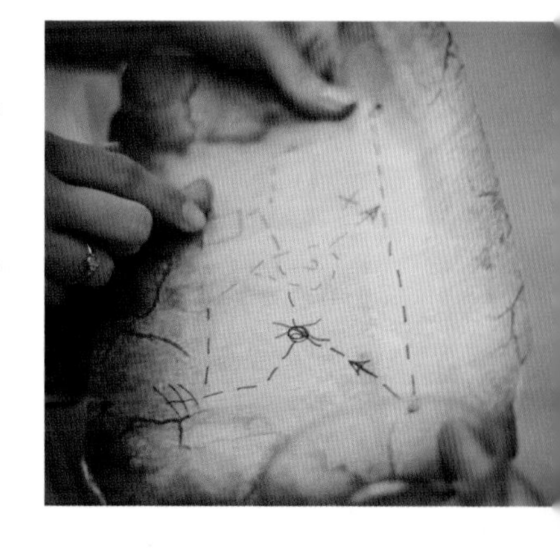

셋째, 기본권 제한으로 발생하는 피해가 공익보다 더 크면 안 돼요. 사회적 거리 두기 정책으로 어떤 피해가 발생했나요? 그 피해와 코로나19 바이러스 전파 방지라는 공익을 비교하면 둘 중 어느 것이 더 컸을까요?

세 가지 질문에 대해 여러분 각자 생각이 다를 수도 있어요. 언제를 기준으로 하느냐에 따라서도 각 질문에 대한 판단이 달라질 수 있고요.

우리의 기본권을 보호하기 위해서는 무엇보다 국가와 적당한 거리를 두는 것이 필요해요.

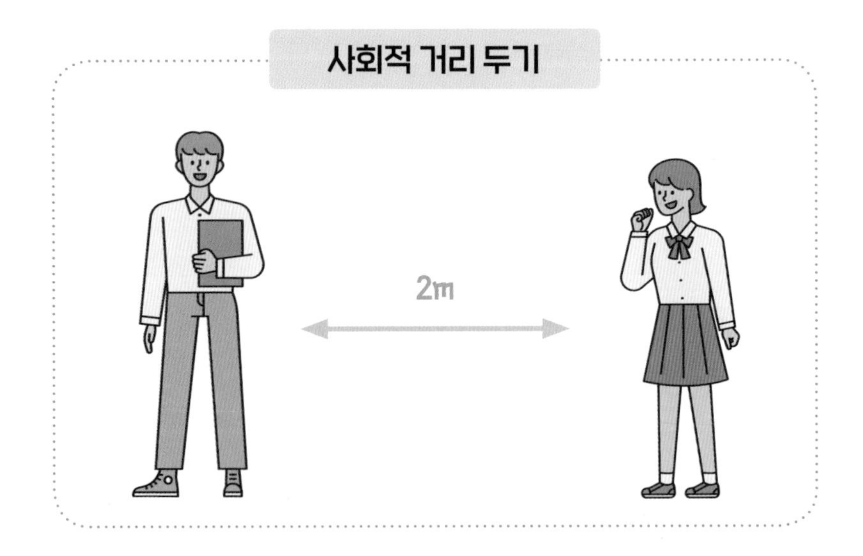

나와 국가 사이의 거리가 너무 가까우면 국가에 의해 기본권을 침해당할 수 있고, 너무 멀면 국가에 의해 기본권을 보호받지 못할 수 있어요. 헌법에 정해져 있는 기본권 제한의 요건이 바로 국가와 적절한 거리를 유지하는 기준이라고 할 수 있어요.

• 탐구 활동

◦ 코로나19 바이러스가 유행했을 때, 사회적 거리 두기 정책으로 인해 발생한 공익과 피해 중 어느 쪽이 더 컸을지 생각해 보세요.

#지리 #거리 두기

자연과의 거리 두기 실패

코로나19 바이러스가 퍼지며 사회적 거리 두기 정책이 실시되자 사람과의 관계, 공간에 대한 생각, 자연에 대한 인간의 관점 등이 변화했어요. 재택근무와 원격 업무가 일상화되면서 사람들은 밀집된 공간보다 자연 친화적인 장소를 선호하기 시작했고, 생태적 전환에 대한 근본적인 시도가 이루어졌어요.

이는 코로나19 바이러스로 인한 전염병 위기보다 더욱 강력하고 심각하게 다가올 기후 위기에 대한 두려움 때문일지도 모릅니다. 인간이 자연과의 거리 두기에 실패한 결과, 코로나19 바이러스가 발생했거든요.

우리가 자연과의 거리 두기에 실패한다면 코로나19 바이러스가 완전히 종식된 뒤에도 신종 질병이 다시 나타나거나 팬데믹 선언이 증가할 수 있어요.

코로나19 바이러스가 막 발생했을 때를 떠올려 보세요. 전 지구적으로 우리 삶의 속도가 느려지고 자연에 대한 개발을 잠시 멈추자 자연은 놀라운 속도로 회복되어 갔습니다.

인간과 자연의 적절한 거리는 어느 정도일까요?
인간 중심적 세계관은 변화할 수 있을까요?

인간과 자연의 공존이 필요함은 모두가 알고 있어요. 하지만 이를 위해 제시된 방안들이 과연 적절한지 자기 생각을 정리할 필요가 있습니다.

재택근무와 자가 격리가 늘면서 코로나 블루 코로나19 바이러스가 확산되자 일상에 변화가 일어나며 생긴 우울감, 무기력증을 말한다. 를 호소하는 사람들이 반려동물들에게 위로를 받고 있다고 해요. 코로나19 바이러스 발생 이후 반려동물 입양이 늘었다는 기사를 통해 사람과 사람 사이에 멀어진 사회적 거리를 동물이 채워 주고 있음을 알 수 있어요.

동물이 매개했다고 알려진 바이러스 때문에 고통받으면서 또 다른 동물로부터 위로를 받기도 하는 우리의 모습이 참으로 아이러니하지 않나요?

최근 반려동물과 함께하는 사람이 늘자 반려동물이 출입 가능한 음식점, 카페, 호텔 등이 인기입니다. 이 장소들은 커뮤니티 매핑 '공동체 참여 지도 만들기(community participatory mapping)'의 줄임말이다. 지도를 만드는 과정에서 지역 사회 구성원과 이해관계자들의 관심을 유도하고 이들이 커뮤니티에 대한 계획 및 의사 결정에 참여하도록 하는 총체적인 과정을 의미한다. 을 통해 공유되고 있어요. 이제 동물들도 우리와 영역을 공유하고 있는 셈입니다. 반려동물을 포함한 생태계 전반의 공유 공간에 대한 논의 및 사회적 합의가 필요한 시점이지요.

이뿐만 아니라 **지속 가능한 삶**을 위해

인간의 욕망을 덜어내는 연습이 필요해요.

무엇보다 인간과 자연이 건강하게 공존할 수 있는 방안을 고민해야 합니다. 대표적인 방안으로 환경 보호를 위해 쓰레기 배출량을 줄이는 캠페인 '제로 웨이스트 챌린지', 조깅하면서 쓰레기를 줍는 운동 '플로깅' 등을 꼽을 수 있어요. 일상에서 손쉽게 행동으로 옮길 수 있으니 여러분도 한번 시도해 보세요.

▲ 친환경 빨대

▲ 장바구니

▲ 플로깅

이제 포식자가 아닌 동반자로서
인간의 역할을 상기해야 할 때입니다.

다음은 'There is no planet B(제2의 지구는 없다).'라고 외치며 환경 보호 시위를 하는 모습이에요. 지구는 하나뿐이고 지구를 대체할 다른 행성은 없으므로 환경을 보호해야 한다는 뜻이지요.

우선 생태계의 공용 공간을 인간이 지나치게 독점하지 않았는지, 이로 인해 발생하는 다양한 환경 문제를 제대로 바라보고 있는지 성찰해 보세요. 또한 인간과 자연 사이의 적절한 거리에 대해 살펴보고 반려동물, 야생 동물, 서식지 파괴 등을 주제로 한 생태 교육을 적극적으로 실시해 봅시다.

• 탐구 활동

◦ 인간이 포식자가 아닌 동반자가 되기 위해 필요한 생태 교육으로는 무엇이 있는지 탐구해 보세요.

#미술 #거리 두기

지식의 권위로부터 거리를 둔 미술 감상

예술계의 살아 있는 테러리스트, 뱅크시가
세계적으로 유명한 박물관에 도둑 전시를 했어요.

영국의 가명 미술가 뱅크시는 돌멩이 위에 쇼핑하는 원시인을 그린 뒤 영국의 대영 박물관에 몰래 전시하고 사라졌어요. 놀랍게도 사람들은 작품 설명이 곁들여진 이 가짜 유물을 진지하게 감상했지요. 재미있는 점은 뱅크시가 이 사실을 공개하기 전까지 8일 동안 아무도 눈치채지 못했다고 해요.

비슷한 도둑 전시는 프랑스의 루브르 박물관, 미국의 메트로폴리탄 미술관에서도 반복되었습니다. 박물관과 예술의 권위 앞에서 작품을 제대로 감상하지 않는 사람들을 비판하는, 일종의 행위 예술이었지요.

그렇다면 어떻게 해야 미술 작품을 제대로 감상할 수 있을까요?

아는 만큼 보인다는 말이 있는데, 작품의 가치를 제대로 알아보려면 무엇을 얼마나 잘 알아야 할까요?

미술사 공부를 해 볼까 하니 책은 왜 이렇게 두꺼울까요? 괜히 섣부른 감상으로 작가의 명성과 작품 세계를 폄훼하는 것은 아닐까 걱정되기도 하고요.

특히 오늘날의 미술품은 작품 속에 뭔가 심오한 의미가 숨겨진 것 같은데, 눈을 크게 뜨고 살펴봐도 뭘 그렸는지 알아보기 힘든 것도 많아요.

작가가 작품에서 의도한 의미가 고스란히 우리 마음에 떠오르는 것이 예술이라면 그것을 응시하고 읽고 독해하고 곱씹을 필요가 없겠지요. 물론 작가가 살아 온 시대나 삶, 작품에 쓰인 재료와 기술 등을

잘 알면 작품을 다채롭게 감상할 수 있어요. 하지만 그런 것은 작품을 온전히 관찰하고 느낀 후에 알아봐도 늦지 않답니다.

전통적인 미술 감상 방법은 주로 작가와 작품에 편중되어 있어요. 미술을 오래 공부한 작가의 의도와 평론가의 해석이 일종의 **권위**를 가졌지요. 하지만 오늘날의 관점에서 미술 작품은 하나의 의미로 고정된 존재가 아니에요.

감상자의 다양한 해석은 작품의 의미를 확장하고 새로운 담론(discourse) '담론'의 사전적 의미는 '이야기를 주고받으며 논의함.'이다. 하지만 여러 학문 분야에서 쓰일 때는 이데올로기적 함의를 지니기도 한다. 프랑스의 철학자 미셸 푸코에 따르면, '담론'은 개인 간의 이야기로만 존재하지 않고 역사적으로 존재한다. 을 형성합니다. 실제로 어떤 작가는 자기 작품에 대한 새로운 해석을 듣는 것을 무척이나 흥미로워한다고 해요.

오늘날 예술 작품의 감상은
작품과 감상자 중심으로 전환되었어요.

한마디로 말해 작품을 사이에 놓고 작가와 감상자가 상호 작용하는 것이지요. 이러한 상호 작용에는 수용 미학적 관점이 반영되어 있어요. 수용 미학적 관점에서는 감상하는 사람이 작품 해석의 우선권을 가져요.

그림 감상은 미술 공부를 많이 한 특별한 사람만 할 수 있는 것이 아니랍니다. 처음 보는 작품 앞에서는 미술 선생님도 여러분과 똑같은 처지라는 말이에요. 이제 마음이 좀 놓이지요? 그럼 처음 보는 작품과 어떻게 상호 작용하면 좋을까요?

일단 전시된 작품들을 천천히 둘러보다가 시선을 끄는 작품 앞에 멈춰 보세요. 조금 멀리서 감상해 보기도 하고, 가까이 다가가 관찰해 보기도 하세요. 붓 자국을 보고 있으면 작가가 살아서 존재한 시간을 눈으로 느낄 수 있기에 붓 터치를 따라 시선을 옮기는 것도 좋아요. 자세히 살펴보면 처음에는 보지 못했던 새로운 부분을 발견하는 재미가 있답니다.

눈앞에 보이는 작품의 색과 형태를 천천히 관찰하다 문득 팝콘이 튀겨지는 것처럼 여러 생각이 머릿속에서 터져 나올 거예요.

이때 내가 하는 생각이 작품과 관련 있을지 없을지 고민하지 말고, 밀려드는 생각을 기꺼이 맞이해 보세요.

어린 시절 즐겨 입었던 카디건의 색깔, 최근에 엉엉 울면서 봤던 영화 속 한 장면, 오늘 아침에 먹은 사과 한 쪽, 지금 나의 고민……. 무엇이든 좋아요. 그림이 나의 눈에서 마음으로 연결될 때 작품과의 대화가 가능해지거든요.

잠시 정신이 돌아오면 생각해 보세요.

나에게 이런 생각이 떠오르는 이유는 무엇일까? 이 그림이 매력적으로 느껴지는 이유는 무엇일까? 이 부분의 질감이 독특한데, 무슨 재료를 사용했을까? 작가는 작품에 왜 하필 이런 제목을 붙였을까?

작품에 대해 궁금한 점을 자유롭게 떠올린 뒤
나만의 생각대로 답을 유추해 보세요.

전시장의 수많은 작품 모두를 마음에 담을 필요는 없어요. 제대로 마주한 작품이라는 확신이 들면 작품 옆에 붙어 있는 캡션을 읽어 보세요. 또는 작가 이름을 메모하거나 사진으로 찍어 두세요.

전시장 휴식 공간에서 잠시 쉬면서 팸플릿을 읽어 보거나 기록해 두었던 작가를 검색해 보세요. 뒤늦게 알게 된 정보는 깜짝 놀랄 반전을 가져오기도 하고, 마음을 울리는 공감을 불러오기도 해요. 때로는 완전히 새로운 상상이 시작되기도 하지요.

작품이나 작가에 대해 더 궁금한 점이 생기면 **도슨트의 도움**을 받을 수도 있어요. 도슨트는 미술관, 박물관 등에서 관람객들에게 전시, 작가, 작품에 대한 정보를 제공하는 사람이에요. 작품을 다양한 관점으로 생각해 볼 수 있도록 도와주지요. 전문적인 미술 지식과 종합적인 관점을 가지고 있다는 점을 제외하면 우리와 같은 감상자랍니다.

집으로 돌아가면 내가 관심 있었던 작가의 다른 작품들을 찾아보세요. 그 작가가 현대 작가라면 작가의 SNS를 살펴봐도 좋아요. 오늘 본 작품이 나의 삶에 어떤 의미였는지 돌이켜 본다면, 나와 작가는 작품을 사이에 두고 긴밀하게 연결되는 거예요.

• 탐구 활동

◦ **다음 절차에 따라 미술관, 박물관 등에서 예술 작품을 감상해 보세요. 단, 누군가의 해설 없이 스스로 작품과 온전히 대면하고 대화하는 시간을 가지는 것이 중요합니다. 작가가 숨겨 놓은 의미를 해석하려고 하지 말고, 온전히 나의 관점에서 작품을 바라보세요.**

❶ 어떤 사전 정보도 없이 작품들을 천천히 둘러보세요.

❷ 작품 하나를 골라 자세히 관찰하고, 나의 생각을 정리해 보세요.

❸ 작품을 충분히 감상한 뒤 작가에 대한 정보를 찾아보세요.

❹ 같은 작가나 작품을 골랐던 친구와 함께 이야기해 보세요.

#윤리 #거리 두기

나 자신과의 거리 두기

2020~2021년 방영된 〈온앤오프〉라는 관찰 예능 프로그램에서 출연자들은 자신의 일상생활을 촬영한 영상을 지켜봐요. 아침에 일어나서 밥을 먹는 모습, 반려동물과 함께 노는 모습, 길을 걷다 춤을 추는 모습 등 자신의 일거수일투족을 프로그램 진행자와 함께 관찰하지요. 출연자는 영상을 보면서 부끄러운 듯 신기한 듯 낯선 자신의 모습을 지켜봅니다.

이 프로그램은 타인이 지켜보는 나와 내가 지켜보는 나의 모습을 동시에 보여 줌으로써 시청자들의 흥미를 불러일으켜요.

또 다른 방송 프로그램 〈어서 와~ 한국은 처음이지?〉는 우리나라에 사는 외국인이 자신의 모국에서 친구를 초대해 함께 우리나라를 여행하고 우리나라의 문화를 즐기는 내용이에요.

우리나라에 첫발을 디딘 외국인들이 불판에 지글지글 익힌 삼겹살을 김치에 싸 먹으며 환호할 때, 동동주와 파전을 먹으며 행복해할 때, 한복을 입고 경복궁을 둘러보며 우리나라 궁궐의 단아한 아름다움에 탄복할 때 그들의 모습을 지켜보는 나는 왠지 뿌듯해져요.

외국인들이 우리나라 드라마나 가수에 대해 칭찬하면 소위 말하는 **국뽕** 자국과 자국의 문화를 최고로 여기는 행위나 사람을 일컫는다. 이 차올라요. 최근에는 우리나라가 코로나19 바이러스 방역을 성공적으로 이끈 것에 관한 칭찬도 많았지요.

그런데 국뽕은 왜 생길까요?

바로 타인의 시선이 우리의 정체성을 형성하는 중요한 매개체가 되기 때문이에요. 독일의 심리학자 에릭 에릭슨은 자아 심리학을 연구했는데, 자아를 주체적 자아와 객체적 자아로 구분해요.

주체적 자아는 스스로가 자신을 바라보는 관점이고 **객체적 자아**는 다른 사람의 시선으로 자신을 바라보는 관점입니다.

주체적 자아는 '과거-현재-미래'의 자신을 통합적으로 바라봄으로써 형성되고, 객체적 자아는 자신이 중요하다고 생각하는 타인의

시선과 평가에 의해 형성돼요.

주체적 자아가 지나치면 자아도취형 인간이 되기 쉽고 객체적 자아가 지나치면 타인의 시선과 평가에만 신경 쓰기 쉬워요. 주체적 자아와 객체적 자아의 균형 있는 관점을 지녀야 건강한 자아 정체성을 형성할 수 있어요.

우리는 외부에서 자신을 어떤 시선으로 바라보는지 무척 궁금해하며 타인의 시선으로 자신을 바라보고 평가해요. 이것이 객체로서의 자아입니다. 그런데 외부 시선에 너무 초점을 두면 자신의 고유성을 잃을 수도 있어요. 남들을 따라 하며 살아가는 사람이 될 수도 있지요.

우리는 자신에 대해서 얼마나 잘 알고 있을까요?
다른 사람의 시선과 말에 신경 쓰는 만큼
자기 마음도 신경 쓰고 있을까요?

누군가 '당신은 어떤 사람인가?'라고 물을 때 당황하지 않고 자신에 대해서 답할 수 있는 사람은 많지 않습니다.

고대 그리스의 철학자 소크라테스는 "너 자신을 알라."라고 말했어요. 이는 자기 자신의 마음과 말 그리고 행동을 성찰하라는 의미예요.

▲ 소크라테스

자기 자신을 알기 위한 첫걸음은

자신과의 거리 두기입니다.

자신과의 거리 두기란 한발 물러나 자신의 마음을 관찰하는 것입니다. 내 마음은 나와 가장 가까이 있으면서도 쉽게 알아채기 어려워요. 우리 눈이 밖을 향해 나 있기 때문일까요? 사람들은 자신의 내면보다 눈에 보이는 타인의 시선과 외부 사물에 주로 관심을 쏟아요.

불교에서는 자신과의 거리 두기를 강조하며 이를 위한 방법으로 **통찰 명상**을 제시해요. 통찰 명상은 일상생활을 할 때 자신의 마음 안에서 발생하는 감각과 반응을 객관적으로 바라보는 훈련이에요.

예를 들어 화가 난다면 화를 내는 자신을 자각하는 것입니다. 즉, '자신의 행동과 감정적 반응을 지켜보는 나'는 '화내고 고통스러워하는 나'가 전속력으로 질주하려고 할 때 브레이크 역할을 해요.

통찰 명상을 통해 '경험하는 나'와 '경험하는 나를 바라보는 또 다른 나'를 성장시킬 수 있어요.

자신과의 거리 두기는 자신의 마음을 알아차리고 돌보는 데 꼭 필요한 훈련입니다. 이를 통해 내가 누구인지, 내가 원하는 삶은 어떤 삶인지, 어떻게 살아가야 하는지 등을 성찰할 수 있어요. 또한 타인의 시선과 취향에 자신을 내맡기지 않고 주체적인 삶을 계획해 나갈 수 있답니다.

• 탐구 활동

◦ 일주일 동안 자신의 마음 상태를 관찰한 뒤 느낀 점을 적어 보세요.

#국어 #거리 두기

넘쳐 나는 정보로부터 거리 두기

우리는 각종 SNS에 손쉽게 자신이 만든 정보를 업로드하고, 어떤 정보든 '복사', '붙여 넣기' 한 번으로 다수의 사람에게 전달할 수 있습니다.

그런데 우리가 업로드하는 정보는 과연 정확한 정보일까요? 사실이 아니거나 누군가에게 해를 끼치는 정보는 아닐까요? 여러분은 위와 같은 질문을 스스로 던지며 수많은 정보를 '잘 읽고' 있나요?

넘쳐 나는 정보를 제대로 읽기 위해서는 무엇보다
줌 인(zoom in)과 **줌 아웃**(zoom out)이 중요해요.

예를 들어 소설에서는 서술자가 독자와 인물 사이의 거리, 독자와 서술자 사이의 거리를 줌 인, 줌 아웃 하면서 독서를 도와준답니다. 이런 소설적 장치를 **시점**이라고 해요. 서술자는 시점을 조절해 이야기를 바라보는 시각과 태도를 드러내지요.

소설에서 거리 조절이 어떻게 이루어지는지
「**유예**」라는 작품을 예로 들어 살펴봅시다.

「유예」는 소설가 오상원이 1955년 발표한 단편 소설이에요. 한국 전쟁을 배경으로 하지요.

주인공 '나'는 국군 소대장인데 인민군에게 잡히고, 인민군 대장은 '나'에게 전향하기를 회유해요. 하지만 '나'는 전향을 거부해 사형을 구형받지요. 사형 집행 전, '나'에게 한 시간의 유예가 주어지는데 여기서 작품 제목이 나왔어요.

'나'는 눈 덮인 둑길을 지나 처형장까지 끌려가요. 이때 '나'의 생각을 1인칭 주인공 시점으로 **줌 인**해 서술한 부분이 있어요.

인민군은 '나'에게 빨리 오라고 고함을 지르고, '나'는 눈 덮인 둑길을 힘들게 올라요. '나'는 여러 번 쓰러지지만 계속해서 일어나려고 애써요. 죽기 전, 스스로 모든 것을 끝맺기 위해서입니다.

주인공의 시점으로 서술한 부분에서 독자는 주인공이 직접 자신의 심리를 들려주는 듯한 느낌을 받아요. 즉, 독자가 주인공의 입장에 줌인해 상황을 바라봄으로써 죽음에 임하는 주인공의 심리에 이입하고 공감합니다.

이번에는 같은 소설에서 **줌 아웃**해 서술한 부분을 살펴볼게요. 사형 집행 명령이 떨어진 뒤, '나'는 눈 덮인 둑길을 걸어가요. 이 모습은 3인칭 전지적 작가 시점으로 나타나 있어요.

흰 눈 속을 걸어가는 '나'의 걸음걸이는 마치 '나'의 의지처럼 정확해요. 비록 '나'는 죽음을 향해 걸어가고 있지만 그 길이 불안하거나 절망적이거나 허튼 길일 수는 없다고 표현하지요. 처형당하는 순간 '나'의 모습을 작품 밖에 있는 전지적 작가가 서술하고, 독자는 마치 서술자의 입장에서 장면을 바라보는 느낌을 받아요.

즉, 서술자와 독자 사이의 거리는 가깝게 **줌 인**하고, 독자와 인물 사이의 거리는 멀게 **줌 아웃**함으로써 전쟁으로 인해 죽을 위기에 처한 한 인간의 상황을 객관적으로 바라볼 수 있게 하지요. 이처럼 한 작품 내에서도 소설 속 상황에 따라 시점을 줌 인, 줌 아웃하면서 독자가 제대로 읽고 생각할 수 있게 도와주고 있습니다.

줌 인, 줌 아웃은 소설을 읽을 때뿐만 아니라 우리가 살아가는 세상을 바라볼 때도 꼭 필요해요. 예를 들어 여러분이 다음과 같은 정보를 접했다고 가정해 보세요.

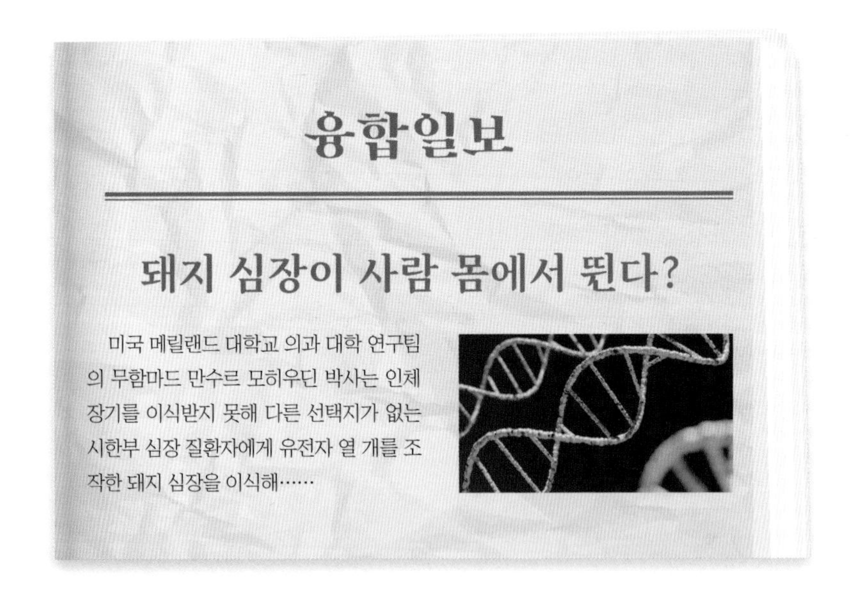

융합일보

돼지 심장이 사람 몸에서 뛴다?

미국 메릴랜드 대학교 의과 대학 연구팀의 무함마드 만수르 모히우딘 박사는 인체 장기를 이식받지 못해 다른 선택지가 없는 시한부 심장 질환자에게 유전자 열 개를 조작한 돼지 심장을 이식해……

먼저 위 기사를 **줌 인**으로 읽어 봅시다. 연구를 이끈 모히우딘 박사와 연구진의 입장에서 관련 정보를 찾아보세요. 참고로 모히우딘 박사는 돼지 고기를 먹지 않는 무슬림이라고 해요. 그 다음에는 줌 아웃으로 읽어 봅시다. 이종(異種) 장기 이식 다른 종의 생물에서 유래한 장기나 조직, 세포 등을 이식하는 수술이다. 연구의 장단점 또는 문제점을 분석하며 관련 정보를 찾아보세요.

어떤가요? 여기저기서 쏟아지는 정보를 제대로 읽고 생각하기 위해 나의 관점, 너의 관점 그리고 우리의 관점 등 다양한 각도로 바라보면 진실에 좀 더 가까이 다가갈 수 있지 않을까요?

• 탐구 활동

◦ 내가 관심 있는 사회적 이슈를 한 가지 고른 뒤 관련 정보를 줌 인, 줌 아웃의 방법으로 읽어 보세요.

#교과 융합 활동

step 1 분석하기

♦ '전염병의 역사, 스페인 독감과 흑사병'과 '사회적 거리 두기 정책, 정당한가'를 읽은 뒤 인간이 전염병에 대처하는 과거와 현재의 방식에 대해 탐구하고, 개인별 보고서를 작성해 보세요.

★ 인간이 전염병에 대처하는 방식 ★	
과거	
현재	

♦ 다음 자료 1, 2를 읽은 뒤 코로나19 바이러스와 기후 변화가 현재와 미래의 인권에 어떤 영향을 주는지 생명권·건강권·주거권 측면에서 탐구해 보세요. 탐구한 내용은 모둠별로 신문 형식으로 만들어 게시해 보세요.

자료 1 코로나, 기후 위기 그리고 인권
https://www.humanrights.go.kr/webzine/webzineListAndDetail?issueNo=7605966&boardNo=7605960

자료 2 기후 변화가 인권에 미치는 영향
https://amnesty.or.kr/campaign/climate_crisis/

생명권	
건강권	
주거권	

step 2 해결하기

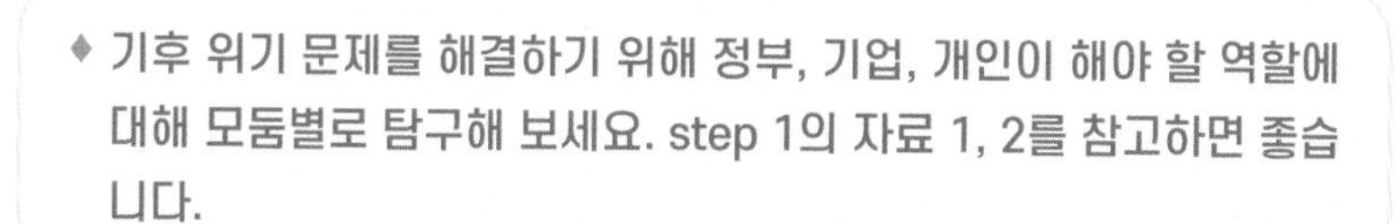

◆ 기후 위기 문제를 해결하기 위해 정부, 기업, 개인이 해야 할 역할에 대해 모둠별로 탐구해 보세요. step 1의 자료 1, 2를 참고하면 좋습니다.

◆ 기후 위기 문제를 해결하기 위한 정부, 기업, 개인의 역할을 탐구할 때 '자연과의 거리 두기 실패'의 내용이 들어갈 수 있도록 보고서를 작성해 보세요.

◆ 앞서 활동한 내용을 담아 카드 뉴스 또는 포스터 등을 제작하고 전시해 보세요. 전시된 카드 뉴스나 포스터 등은 '지식의 권위로부터 거리를 둔 미술 감상'에서 제시한 작품 관람의 태도를 참고하며 감상한 뒤 이에 대한 소감문을 써 보세요.

step 3 표현하기

♦ '나 자신과의 거리 두기'와 '넘쳐 나는 정보로부터 거리 두기'를 읽은 뒤 주체적 자아와 객체적 자아에 대해 알아보세요.

내가 생각하는 나의 모습	타인이 생각하는 나의 모습
과거 (현재로부터 약 10년 전)	친구 1
	친구 2
현재	
	친구 3
미래 (현재로부터 약 10년 후)	• 친구들에게 나의 예상 MBTI 유형을 물어보자. 그렇게 추측하게 된 나의 행동이 무엇인지도 이야기해 보자.

◆ 앞서 작성한 내용을 참고해 자화상을 그려 보세요.

자화상

#무지성

“이성을 제압해 이기는 가장 손쉬운 방법은 공포와 힘이다.”
“사람들이 생각하기를 좋아하지 않는다는 것이 그들을 관리하는 정부에게는 얼마나 좋은 일인가?”

- 아돌프 히틀러

깊게 생각하지 않는 삶, 자기 생각을 성찰하지 않는 삶이란 어떤 결과를 가져올까요? 그리고 지금 우리는 얼마나 제대로 생각하고 있을까요? 우리의 무지성을 성찰하는 시간을 가져 봅시다.

○ 성찰하지 않는 삶의 위험성 #윤리

○ 지금도 계속되는 마녀사냥 #역사

○ 우리 모두 미치광이가 되어야 한다 #국어

○ 방향을 잃은 사람들 #지리

○ 정보 과잉 시대의 부적응 현상 #사회

○ 무의식과 충동 속에서 꽃핀 미술 #미술

#윤리 #무지성

성찰하지 않는 삶의 위험성

『서유기』는 중국 명나라 때 오승은이 지은 것으로 알려진 소설이에요. 삼장 법사가 손오공, 저팔계, 사오정이라는 요괴들을 데리고 천축국(인도)으로 불경을 구하러 가는 모험기이지요.

『서유기』에서 가장 인상적인 캐릭터는 손오공입니다. 도술을 부릴 줄 아는 손오공은 자만심이 하늘을 찔러 석가모니에게 도전장을 내밉니다. 자신이 싸움에서 이기면 옥황상제 자리를 내놓으라고 했지요. 손오공은 온갖 도술을 부렸지만 결국 석가모니의 손바닥에서 벗어나지 못한 채 패배하고, 500년 동안 오행산 돌 감옥에 갇혀 살아요.

『서유기』에 등장하는 손오공, 저팔계, 사오정은 인간의 마음속에 있는 세 가지 독, 즉 삼독(三毒)을 상징합니다. 손오공은 무지, 저팔계는 탐욕, 사오정은 분노를 상징해요. 이렇게 보면 『서유기』는 삼장 법사의 마음속 삼독을 없애 가는 여행기라고 할 수 있어요.

참고로 불교에서는 인간의 마음속 삼독을 없애야 마음이 평온한 경지, 즉 열반에 이를 수 있다고 말합니다.

손오공은 견문과 소견이 좁은 탓에 자신이 세상에서 가장 강한 존재라고 착각하고 오만방자하게 굴어요. 이는 무지로 인한 것입니다. 무지한 자는 손오공처럼 자멸의 길로 나아가지요.

불교에서는 마음속 삼독을 없애는 데 도움이 되는 것으로 삼학(三學)을 꼽아요. 바로 **지혜, 계율, 선정**이랍니다.

▲ 노자

손오공의 무지는 지혜를 통해 없앨 수 있어요. 불교에서 강조하는 **지혜**는 모든 것은 연결되어 있고 끊임없이 변하며 고정된 것은 없으므로 집착해선 안 된다는 뜻을 지녀요.

중국 춘추 시대 초나라의 철학자 노자는 지식을 경계했는데, 특히 백성들은 '무지'해야 한다고 말했어요. 아는 것이 많아지면

교활해지고 분별하는 것을 좋아하기 시작하며 자연스러운 소박함과 거리가 멀어지기 때문이지요.

노자에 따르면, 인간은 타고난 본성대로 살아가야 행복합니다. 그런데 지식을 쌓으면 쌓을수록 인위적인 제도와 법률과 규칙이 많아지고, 사회가 제시하는 틀에 맞춰 살아가느라 행복을 느끼기 어려워요.

우리는 아는 것이 많아야 살아남는 시대에 살고 있습니다.

학교에 다니는 기간은 길어지고, 학원에 다니기 시작하는 나이는 어려지고 있어요. 유아기, 아동기, 청소년기, 청년기를 대부분 지식을 쌓으며 보내지요. 생존을 위해 교육받는 기간이 점점 늘어나고 있거든요.

더 많이 알면 더 행복해질까요?

아니면 노자의 말대로
지식을 쌓아갈수록 타고난 본성대로 살기 어렵고
행복과의 거리가 더 멀어지고 있는 것은 아닐까요?

노자가 경계하는 지식으로는 분별하는 지식, 편견을 조장하는 지식, 인간의 본성을 억압하는 지식, 인위적인 규칙과 제도에서 파생되는 지식 등이 있어요.

노자는 사람이 무지할수록 자연의 소박함에 가까워지고 본성에 따라 살 수 있으며 행복해질 수 있다고 말합니다. 그런데 우리 사회는 복잡하고 빠르게 변화하기에 노자가 경계하는 지식만 끊임없이 배우고, 정작 알아야 할 지혜는 배우지 못해요.

이처럼 지혜와 지식에 대한 요즘 세태를 함축적으로 보여 주는 말이
바로 **무지성**이에요.

무지성이란 '참된 지혜를 알지 못하면서 부분적 지식을 바탕으로 무조건 자신이 옳다고 생각하는 대로 밀고 나간다.'라는 의미예요. 지금까지 배운 지식이 쓸모없다는 것을 드러내는 동시에 지식을 많이 쌓아도 정작 필요할 때는 지혜롭지 못한 사람들의 행태를 드러내는 단어입니다.

그래서 '무지성 지지'라는 말이
생겨나기도 했지요.

정말로 아무것도 모른다면 배우고자 할 수 있지만, 조금 알고

있으면서 그것이 전부라고 여기는 편협한 생각에 사로잡히면 손오공처럼 행동하게 됩니다. 책을 한 권도 읽지 않은 사람보다 한 권만 읽은 사람이 더 위험하다고 하듯 말이에요.

어떤 사람이 자신의 짧은 앎에 대해서만 신념을 지닌 채 다른 사람들에게 영향을 미치고자 한다면 아주 위험하겠지요. 역사 속 수많은 이상주의자와 권력자 그리고 그들을 추종했던 이들이 자신들의 이상을 실현하기 위해 무지성으로 행동하며 여러 죄악을 저질렀던 것처럼요.

제2차 세계 대전 당시 수많은 유대인을 가스실에 보냈던 아돌프 아이히만은 평범한 군인이었어요. 아이히만은 자신이 "유대인 수송 업무를 맡았고, 군인으로서 명령에 따라 행동했을 뿐."이라고 말했습니다.

▲ 아돌프 아이히만

불편한 진실은 그가 특별히 악마 같은 성격이어서 많은 유대인을 죽음의 장소로 몰아넣은 것이 아니라는 점입니다.

아이히만의 재판을 지켜본 독일 출신 미국의 철학자 한나 아렌트는 **악의 평범성**을 주장했어요. 악의 평범성이란 평범하게 보이는 사람도 자신이 지금 하는 행동이 어떤 의미를 지니고 있는지 성찰하지 않는다면 누구나 아이히만처럼 될 수 있다는 뜻이에요.

아이히만은 군인이기 이전에 인간입니다. 인간으로서 해야 할 행동과 하지 말아야 할 행동을 양심에 따라 성찰했다면 나치의 잔혹한 유대인 학살에 가담하지 않았을 것입니다.

즉, 현대인의 **무지성**은
성찰하지 않는 삶을 표현하는 또 다른 말이라고 할 수 있습니다.

▲ 학살된 유럽 유대인을 위한 기념물(독일 베를린)

• 탐구 활동

◦ **어떤 주장이 옳다는 것을 알면서도 반대한 적이 있는지 또는 어떤 주장이 옳지 않다는 것을 알면서도 찬성한 적이 있는지 성찰해 보세요.**

#역사 #무지성

지금도 계속되는 마녀 사냥

여러분이 다음과 같은 상황에 처했다고 가정해 봅시다. 어느 날 갑자기 규모 7.8의 대지진이 일어났어요. 주위를 보니 건물이 무너지고 많은 사람이 죽거나 다쳤어요. 이 상황만으로도 혼란스러운데 이상한 소문까지 들려와요.

"□□□이(가) 우물에 독을 풀었다."
"□□□이(가) 불을 지르고 다닌다."

어떤가요? 빈칸에 어떤 말이 들어가야 할 것 같나요? 먼저 이 상황의 문제점부터 생각해 볼까요?

큰 재난이 닥칠 경우, 인간은 두려움을 느끼며 안전해지기 위해 노력해요. 이때 인간에 대한 기본적인 존중이 필요한데, 우리는 종종 잊지 말아야 할 것을 잊곤 해요. 하지만 어느 정도 지성을 갖춘 인간이라면 재난 대응과 같은 긴급한 상황에서도 현장을 조금 더 섬세하게 살펴볼 필요가 있어요.

앞의 빈칸에 들어갈 단어는 바로

조선인이에요.

앞서 설정한 상황은 1923년 9월 1일, 일본 간토(관동) 일본 중부에 있는 지방을 가리킨다. 지역에서 실제로 발생한 대지진과 관련 있습니다.

▲ 간토 대지진 당시 쓰러진 서양식 전망대(일본 도쿄)

당시 지진으로 혼란스러운 상황 속에서 누군가 유언비어를 퍼뜨렸어요. 조선인이 우물에 독을 탔다거나 마을에 불을 지르고 다닌다는 거짓 소문이었지요.

그 결과, 조선인은 대량 학살당했고 이를 간토 대학살 사건이라고 합니다. 현재 한일 학계에서는 공식적으로 6,661명의 희생자가 존재했다고 인정해요.

간토 대학살은 일반적인 살해 사건이라고만 볼 수 없어요. 학살로 인한 희생자 수가 많기도 하지만 피해 대상이 분명했기 때문이에요. 유언비어의 목표는 결국 일본인보다 '아래의 인간'이었던 조선인이었지요.

즉, 국민 또는 민족 집단 자체를 멸절하기 위해 **제노사이드**(genocide) 고의적 또는 제도적으로 특정 집단을 말살하는 행위이다. '집단 학살'이라고도 한다. 를 행했다고 볼 수 있어요.

그렇다면 조선인 학살의 시작인 유언비어는 어디서 흘러나왔을까요?

문서상으로 볼 때, 조선인에 대한 유언비어를 퍼뜨린 주체는 당시 일본 정부라고 추정할 수 있어요. 그렇다면 일본 정부는 왜 유언비어를 이용해 일본인을 기만하고 조선인을 말살하고자 했을까요?

1923년 즈음 일제는 조선 통치 방식을 문화 통치로 바꿨는데, 그 배경으로 3·1 운동을 꼽을 수 있어요. 변화한 일제의 통치는 겉으로 조선의 독립운동으로 인한 일제의 뒷걸음과 세계에 대한 '문화적' 통

▲ 탑골 공원에 있는 3·1운동 서판 (서울 종로)

치의 홍보였지만, 사실은 조선의 독립운동을 탄압하려는 속내를 내 보였지요.

저는 조선 총독부 제5대 총독인데, 문화 통치를 추진했습니다.

당시 일제는 1921년 조선인 독립운동에 대한 의견으로 '조선인 무차별 즉결 처형'을 명했어요. 게다가 일본 내 일부 사회주의자들이 식민지 해방 및 조선인과의 연대를 내세우는 것을 막고, 사회주의 운동이 조선 및 근처 지역으로 파급되는 것을 우려하고 있었어요. 이미 일본인들에게 조선인은 적(敵)이자 혐오의 대상으로 여겨졌지요.

▲ 사이토 마코토

1923년 9월 10일자 『매일신보』에는 간토 대지진 당시 '조선인이 폭동을 조장하고 있다.'라는 내용의 기사가 전면에 실리기도 했어요.

더불어 제1차 세계 대전으로 인한 호황기가 끝나며 일본인 노동자들의 불만이 높아지고 있었습니다.

일본 정부는 여러모로 위기를 느꼈고, 대지진이라는 재난까지 닥치자 비윤리적인 방법을 시도했어요.

▲ 1923년 9월 10일자 『매일신보』

바로 혼란에 빠진 사람들의 관심을 조선인으로 돌려 위기를 타개하는 것이지요. 결국 사람들은 현혹되었고, 학살까지 벌어졌습니다.

당시 일제가 택한 방안은
과연 **합리적이고 지성에 입각한 선택**이었을까요?

19~20세기 일본 지식인들이 모인 정부에서 내린 결론이라고는 믿어지지 않지요? 당시 일본의 군인과 경찰이 학살에 참여했을 뿐만 아니라 평범한 일본인들 역시 학살의 책임에서 자유롭지 않습니다. 정부의 주장을 믿고 따랐던, 소위 자경단 지역 주민들이 직접 나서 각종 재난에 대비하고 자신들을 지키기 위해 결성한 민간단체이다. 에 의한 조선인 학살도 있었거든요.

이처럼 무자비한 학살을 자행하고 방조한 자들에게
지성이란 존재하는 것일까요?

시대가 갈수록 인간은 교육의 혜택을 받으며 지성인으로 성장하고 있어요. 하지만 간토 대학살 사건에서 알 수 있듯, 때로 사람은 집단이 바라는 비이성적 목표를 합리적으로 따지기보다 그에 동조하는 모습을 보여요. 중세 유럽의 마녀사냥도, 간토 대학살도 결국 무지성의 결과라고 볼 수 있지요.

간토 대학살은 하나의 예시에 불과해요.

또 다른 예를 들어 볼까요? 제2차 세계 대전 당시 나치 독일에 의한 유대인 학살, 오스만 제국(현 튀르키예)의 아르메니아인 학살, 일제에 의한 난징 대학살, 20세기 최초의 제노사이드라고 불리는 헤레로·나마 집단 학살, 보스니아 전쟁 등……. 지금까지 일일이 거론할 수 없을 정도로 수많은 학살극이 있었어요.

'영아 학살'이란 기독교 성경의 마태복음에 나오는 이야기입니다. 유대의 왕 헤롯 1세가 예수의 탄생을 두려워한 나머지, 베들레헴이라는 소도시 근처의 2세 이하 남아를 모조리 죽였다고 전해져요.

▲ 페테르 파울 루벤스, 「영아 학살」

우리나라 사회에서 자주 문제시되는 포털 사이트나 인터넷 커뮤니티에서의 문제 역시 마찬가지예요. 인간의 지성을 의심할 만한 사례들이 있지요.

우리는 보통 과거에서 현대까지 발전한 과학 기술에 흥미를 보여요. 그동안 역사에 숨어 있던 어둠에는 잘 주목하지 않고요. 하지만 영국의 유명한 역사학자 아널드 토인비는 다음과 같은 말을 남겼어요.

인류에게 가장 큰 비극은
지난 역사에서 아무런 교훈도 얻지 못하는 것이다.

발전만 역사의 중심으로 삼는 사회에서는 성공을 포장하고, 타인을 보지 못한 채 이기심으로 가득 찬 무지성의 삶을 살기 쉽습니다. 그런데 토인비가 남긴 말은 다시 한번 역사를 돌아보게 하네요.

우리는 과거를 돌아보며 교훈을 깨닫고
더욱 평등한 사회로 나아갈 수 있는 양분을 얻어야 합니다.

• 탐구 활동

◦ 인간이 이성적이지 못했던 역사 속 사례를 찾아보고, 친구들과 함께 이야기해 보세요.

#국어 #무지성

우리 모두 미치광이가 되어야 한다

여러분, 기형도 시인을 알고 있나요?

기형도는 1960년에 태어난 우리나라 시인이자 언론인이에요. 1985년 『동아일보』 신춘문예 시 부문에서 「안개」라는 작품으로 등단했어요. 여러 문학지에 작품을 발표하며 활동하다가 1989년 종로의 어느 극장에서 심야 영화를 보던 중, 28세의 나이로 일찍 사망했지요.

이번에 우리는 기형도 시인이 남긴 여러 작품 중 「홀린 사람」이라는 시를 살펴보려고 해요.

「홀린 사람」에는 '사회자', '그분', '군중', '누군가'가 등장합니다. '사회자'는 '그분'을 "일생동안 이웃을 위해 산 분"이라고 추켜세워요. 혹시 여러분은 '그분'처럼 이웃을 위해 대신 죽을 수 있나요? '그분'이 정말 감동적인 존재로 느껴지나요?

아마 그렇지 않을 거예요. 시를 읽으면 느낄 수 있을 테지만, 자신을 위해서는 “푸성귀 하나” 심지 않고, “눈물 한 방울”도 흘리지 않는 사람이라니요. 좀처럼 있을 수 없는 일이지요.

그러나 ‘군중’은 ‘사회자’의 이야기에 감명받고 실신하거나 눈물을 흘리며 박수를 보냅니다. 이때 군중 사이에서 ‘누군가’가 다음과 같이 물어요.

당연한 물음을 던지고 있음에도 불구하고 ‘누군가’의 목소리는 이내 ‘미치광이’의 목소리라고 여겨져요. 소란이 벌어지지만 ‘그분’의 답변은 들리지 않고요.

「홀린 사람」은 대중을 기만하는 권력자, 그 권력자에게 붙어 대중을 선동하는 하수인, 아무런 생각이나 비판 없이 권력자에게 열광하는 비이성적인 대중을 모두 비판하는 작품이에요. 1989년에 발표된 작품이지만, 지금 우리 사회의 모습을 보여 주는 것 같기도 하네요.

2021년 방영된 드라마 〈지옥〉에는 종교 단체 '새진리회'와 '새진리회'를 맹목적으로 추종하는 집단 '화살촉'이 등장해요. 그중 '화살촉'의 리더는 개인 인터넷 방송을 진행하는데, 자신과 입장이 다르거나 자신의 마음에 들지 않는 사람의 신상을 공개합니다. 지지자들이 그 사람을 응징하도록 부추기는 것이지요. 마치 자신의 행동이 신의 뜻을 정의롭게 실천하는 것처럼 말이에요.

더욱 섬뜩한 것은 이것이 드라마의 극적인 연출이 아니라
우리가 처한 지금의 현실과 다를 바 없다는 점입니다.

인터넷에서 자신과 생각이 다르거나 기분 나쁜 기사가 나오면 우르르 몰려가서 악성 댓글을 남기는 것, 자신과 정치적 견해가 다른 사람들을 모자란 사람 취급하며 이들을 혐오하는 말들을 퍼뜨리는 것, 전염병에 감염된 사람들의 신상을 함부로 공개하는 것, 사실 여부를 제대로 판별하지 않은 채 기사를 쓰고 공유하는 것, 특정 인종이나 종교를 향해 무분별한 혐오와 폭력을 쏟아 내는 것…….

앞서 언급한 모든 것이 〈지옥〉의 '화살촉'이나
「홀린 사람」의 '군중'과 별반 다르지 않아요.

무지성이란 제대로 생각하지 않는 것 또는 제대로 생각하려고 하지 않는 것을 의미합니다. 똑바로 사고하지 않은 채 자신이 아는 것만 진실이나 정의라고 생각하는 것은 너무나 위험해요.

우리는 나와 비슷한 취향이나 생각을 반영한 정보를 쉽게 접하며 살아가고 있어요. OTT 서비스 인터넷을 통해 사용자가 원하는 각종 미디어 콘텐츠를 제공하는 서비스이다. 'OTT'는 'over the top'의 약자인데, 텔레비전 셋톱박스라는 하나의 플랫폼에만 국한되지 않고 여러 플랫폼(데스크톱, 스마트폰 등)을 통해 서비스를 제공한다는 의미이다. 에서는 내 취향에 맞는 작품들만 추천하고, 내가 동의하는 의견을 담은 정보만 골라 제시해 줍니다.

그러다 보면 결국 나의 생각은 더더욱 굳건해지고, 나와 생각이 다른 사람은 배척하거나 혐오하기 쉬워져요.

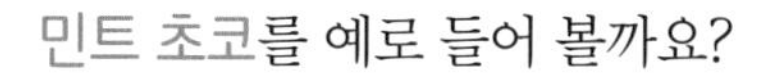
민트 초코를 예로 들어 볼까요?

민트 초코 맛이 나는 음식을 좋아하지 않는 사람이 민트 초코 맛이 나는 음식을 좋아하는 사람에게 '민초 극혐 극도로 혐오한다는 뜻이다. '이라고 하는 경우가 있습니다.

예를 들어 어떤 유명인이 인터넷상에서 민트 초코 맛을 좋아한다고 하면 우르르 몰려가서 악성 댓글을 달기도 하지요. 비록 처음에는 장난으로 시작했다고 하더라도 받아들이는 입장에서는 충분히 무서울 수 있답니다.

요즘에는 개인 취향일 뿐인 영역에서도 나와 다른 사람에 대한 혐오 표현이 넘쳐 나는 모습을 쉽게 볼 수 있어요.

혐오 표현의 예시를 몇 개만 꼽아 볼게요. 노인을 혐오하는 표현으로는 '틀딱', '연금충' 등이 있습니다. 여성을 혐오하는 표현으로는 '김여사', '된장녀', '김치녀' 등이 있지요.

또한 우리나라 남성을 혐오하는 표현으로는 '한남', 어머니를 혐오하는 표현으로는 '맘충', 10대 청소년을 혐오하는 표현으로는 '급식충'이나 '등골 브레이커'와 같은 말들이 있고요. 모두 한 번쯤 들어 본 표현이지요?

혐오 표현은 재미있다는 감정과 함께 더욱 커지고 퍼지며 혐오 정서를 부추깁니다. 결국 서로 간의 갈등을 조장할 뿐, 사회에 대한 불만이나 문제를 해결하는 데는 아무런 도움이 되지 않아요.

서로의 생각을 듣고 이해하기 위해 노력해야만
문제를 해결할 수 있습니다.

적에 대한 적개심은 전선(戰線)에서 멀어질수록 더욱 커진다는 말이 있습니다. 나와 적 사이의 거리가 멀어질수록 적은 점점 더 낯설고 추상적인 존재로 느껴지기 때문이지요. 나와 다른 사람을 가까이 해야 하는 이유가 바로 여기에 있습니다.

혹시 여러분은 친구가 진지하게 이야기할 때 '진지충'이라는 말로 무시하지는 않았나요? '나는 동성애를 찬성해.'라고 이야기할 때 그

말 자체가 또 다른 차별이 된다는 사실, 즉 누군가의 성적 지향을 찬반으로 나눌 수 없다는 점을 모르고 있지는 않았나요? '남자가 그렇게 울면 되겠어?' 또는 '여자는 얌전하게 굴어야지.' 등과 같은 말을 하지는 않았나요?

우리는 지금부터라도 아주 진지하고 예민해져서
스스로 하는 말과 행동을 하나하나 돌이켜 보고
곰곰이 생각해 보는 습관을 만들어야 합니다.

비록 그 모습이 누군가에게는 '미치광이'처럼 여겨지더라도 말입니다.

• 탐구 활동

◦ **깊이 생각하지 않은 채 다른 사람을 향해 비난, 혐오, 차별을 일삼는 사례를 찾아보세요.**

#지리 #무지성

방향을 잃은 사람들

수렵과 채집을 하던 시대부터 인류에게 가장 중요한 정보는 지리 정보였어요. 수렵 및 채집할 동식물의 위치를 아는 것은 생존에 필수적이었거든요.

그런데 수많은 정보가 오가는 지금, 사람들은 길을 잃어 가고 있어요. 이제 인류는 자신의 의지로 위치를 찾는 일을 그만두었고요. 진화된 기술이 인류의 공간 지각 시각·청각·촉각의 공동 작용으로 이루어지는 공간적 특성에 대한 지각이다. 능력을 저해하고 있는 것이지요.

공간에 새겨진 다양한 경로를 스스로 고려했던 시대는 저물고, 스마트폰이 지시하는 최단 경로만이 살아남고 있습니다.

과거에 스스로 자신의 역할을 자각하고 새로운 길을 개척하던 **개척자 정신**이 중요했다면, 현재에 이르러 그 정신은 의존형으로 변했어요.

어쩌면 무지성이란 자신의 의지가 사라지는 것이 아닐까요?

공간 지각 능력은 단순히 다양한 경로와 공간과의 관계성을 파악하는 것뿐만 아니라 현재 자신의 위치를 분명하게 알 수 있도록 도와줘요. 현재 자신의 위치를 자각하는 것을 **자기 객관화**라고 해요. 자기 객관화가 잘 이루어지지 않은 사람들은 무지성으로 행동하기 쉽습니다.

예를 들어 일본인 중 일부는 독도의 정확한 위치도 모른 채 자국의 영토라고 주장하고 있다는 내용의 방송을 본 적이 있어요. 자신과 다른 의견은 듣지 않고 자신이 믿는 정보만 옳다고 여기는 아집 자기중심의 좁은 생각에 집착해 다른 사람의 의견이나 입장을 고려하지 않고 자기만을 내세우는 것이다. 이 바로 무지성이에요.

그런 것은 몰라도
사는 데 문제없어요.

가끔 지리 수업 시간에 안타까운 장면을 마주하기도 합니다. 현재 자신이 사는 지역 주변에 어떤 도시가 있는지 거의 모르는 학생들이 종종 있거든요. 게다가 자신이 모른다는 것을 당연하게 여기고, '그런 것은 몰라도 사는 데 문제없어요.'라고 말하지요.

몇몇 학생은 지금 당장 주어지는 재미나 경제적 이득에만 관심이 있는 듯해요. 무언가를 알고 싶은 욕구나 모르는 것에 대한 부끄러움이 전혀 없고, 주변에도 관심을 두지 않는 모습을 보면 마치 방향을 잃은 난파선 같다는 생각이 들어요.

세상에 쓸모없는 앎이란 없어요.

끊임없이 세상을 알아 가야 나와 다른 삶을 이해할 수 있을 테니까요.

자기 객관화를 이루기 위해서는 길을 찾기도 하고 잃기도 하며 다양한 공간을 누벼야 해요. 그래야만 삶의 방향을 분명하게 정할 수 있지요.

나와는 상관없는 이야기, 공간, 지역 등이 돌고 돌아
결국 나와 연결됨을 언젠가 이해할 수 있을 것입니다.

이제 우리는 스스로가 만든 무지성이라는 벽을 깨부수고, 마치 오픈 월드 게임을 할 때 자유롭게 이동하며 장소에 대한 제약이 거의 없는 게임 디자인의 한 유형이다. 게임의 맵을 조금씩 밝히듯 나의 위치를 확인해야 합니다.

방향을 잃어도 좋습니다.
세상은 넓고, 나쁜 공간은 없으니까요.

• 탐구 활동

◦ 내가 매일 걷는 길 또는 내가 좋아하는 곳 주변에 어떤 것이 있는지 자세히 살펴보고, 가족 또는 친구와 함께 이야기해 보세요.

#사회 #무지성

정보 과잉 시대의 부적응 현상

프랑스의 사회학자 에밀 뒤르켐은 사회학이 나타난 초창기에 활동했는데, 자살에 대해 새로운 관점으로 접근했어요.

그전까지 사람들은 자살을 윤리적으로 비난하기도 했고, 기후나 인종 등 다른 원인을 들어 설명하려고 하기도 했지요. 이와 달리 뒤르켐은 자살을 사회 현상으로 보고, 실제 통계를 바탕으로 자살 원인을 분석했어요.

뒤르켐이 제시한 자살 원인 중 하나가 바로 아노미랍니다.

뒤르켐에 따르면 사회가 급격히 변화하는 과정에서 기존 규범이 약해지고 사람들이 혼란을 겪는 무규범 상태 즉, 아노미가 나타난다고 해요.

뒤르켐이 생각하기에 인간은 사회 규범에 따라 행동하는 존재인데, 사회 변화 과정에서 규범이 약해지다 보니 자살과 같은 일탈 현상이 발생한다고 본 것이지요.

뒤르켐이 제시한 아노미 개념을 통해
현대 사회의 무지성 현상을 살펴볼게요.

우리가 지금 살아가고 있는 정보화 시대는 과거와 달리 정보가 넘쳐 나는 시대예요. 과거에는 인간이 받아들일 수 있는 양의 정보만 제공되었다면 현재는 감당할 수 없을 만큼 많은 정보가 제공되고 있어요.

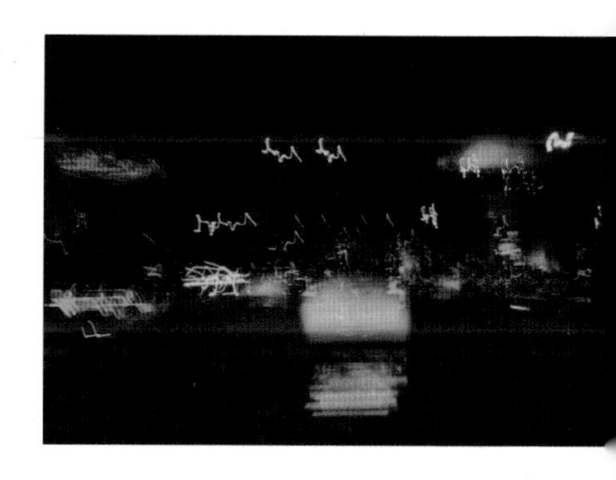

그런데 정보가 너무 많으니 그중 어떤 정보가 옳고 어떤 정보가 그른지 판단할 여유도 없습니다. 요즘 우리는 주어지는 정보를 무비판적으로 수용하거나 수많은 정보 가운데 흥미롭거나 자극적인 정보에만 집중할 뿐이지요.

과거에는 엄격하게 통제되던 정보가
이제는 자유롭게 유통되고 있습니다.

전문가에게 전해 듣거나 책이라는 제한된 매체를 통해서만 알 수 있었던 정보를 인터넷 검색만으로 누구나 손쉽게 찾을 수 있는 세상이지요.

예를 들어 내일 날씨가 어떨지 알고 싶으면 과거에는 주술사에게 물어봐야 했어요. 하지만 이제는 누구나 스마트폰만으로 내일 날씨를 확인할 수 있어요.

▲ 현대에도 기우제를 지내는 모습(에티오피아 하라르)

▲ 스마트폰으로 날씨를 알아보는 모습

접근하기 어려워서 존재했던 지식의 권위가
정보화를 통해 무너지기 시작했습니다.

사회는 정보화를 통해 빠르게 변화해 왔어요. 정보의 양은 많아지고 접근성은 낮아졌는데 정보에 대한 새로운 규범은 아직 제대로 확립되지 않았지요. 그러다 보니 사람들이 아노미 상태에 빠져 '무지성'과 같은 일탈 현상을 보이고 있는 것이 아닐까요?

변화하는 **현대 정보 사회에 걸맞은 새로운 규범**이
등장해야 무지성을 일으킨 아노미도 해결할 수 있을 것입니다.

이때 우리에게 필요한 것이 바로
미디어 리터러시(media literacy) 능력입니다.

'미디어 리터러시'란 사람들이 미디어에 접근할 때,
모든 유형의 소통을 사용해 미디어를 창조·조작·비평
할 수 있도록 하는 능력을 말해요.

미디어 리터러시 능력을 기르면 우리에게 정보를 제공하는 미디어에 비판적으로 접근할 수 있어요. 미디어에서 올바른 정보를 얻거나 재생산할 수 있는 능력을 키울 수 있지요. 온라인에 떠돌기 마련인 가짜 뉴스에 쉽게 휩쓸리지 않고, 진실과 거짓을 잘 가릴 수 있기도 하고요.

• 탐구 활동

○ 인터넷에서 정보를 무비판적으로 수용한 사례나 자극적인 정보에만 집중한 사례를 찾은 뒤 발표해 보세요.

#미술 #무지성

무의식과 충동 속에서 꽃핀 미술

1914년부터 1918년까지 제1차 세계 대전이 세상을 휩쓸고 지나갔습니다. 이후 유럽 전역에는 인간과 이성에 대한 불신, 허무주의가 팽배했어요. 인간의 지성으로부터 나온 과학이 문명의 눈부신 발전을 가져왔지만, 한편으로 전쟁과 같은 대량 학살이 벌어졌기 때문이에요. 세상 모든 것에 대한 허무주의가 퍼진 것도 당연해요.

당시 스위스 취리히에 전쟁을 피해 망명 온 예술가들이 모여 있었는데, 이들에게서 발생한 미술 사조가 바로 **다다이즘**(Dadaism)입니다.

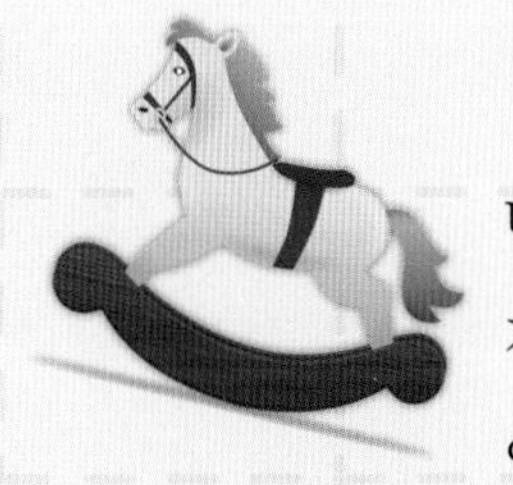

'다다(dada)'의 어원에 대한 설은 다양해요. 프랑스어로 어린아이가 가지고 노는 장난감 말을 뜻하기도 하고, 아이가 '다다다'라고 내뱉는 것과 같이 무의미한 말이라는 이야기도 있어요. 중요한 것은 다다이즘이 과거 근대 사회로부터 내려오는 관습과의 결별에 중점을 둔 사상이라는 거예요.

다다다, 다다다.

다다이즘을 따르는 사람, 즉 **다다이스트**들은 당시의 사회적·예술적 관습 일체를 거부하고 무질서, 충동, 반항에 의한 폭발적인 예술 실험을 벌였습니다. 다다이스트들이 이성의 논리를 무시한 채 과감한 예술을 시도한 덕분에 획기적인 미술 표현 기법들이 등장할 수 있었지요.

제1차 세계 대전이 끝나자 초기 다다이스트들은 독일 베를린과 쾰른, 프랑스 파리 등 고향으로 흩어져 각자 개성 있는 창작 활동을 지속했어요.

저는 독일에서 활동한
다다이스트입니다.
1918년 「다다 선언」을 낭독했어요.

저는 프랑스에서 활동한
다다이스트입니다.
'다다의 대통령' 중 한 명이었지요.

▲ 리하르트 휠젠베크

▲ 트리스탕 차라

독일 베를린에서 활동한 다다이스트들은 신문이나 잡지에서 이미지와 텍스트를 오려낸 뒤 무질서하게 합성하는 포토몽타주(photomontage) 기법, 일상용품을 새롭게 배열하고 조합하는 어셈블리지(assemblage) 기법 등을 통해 새로운 예술 형식을 창조하고자 했답니다.

한편 프랑스 파리에서 일어난 다다이즘으로부터 **초현실주의**(Surrealism)라는 분파가 파생되었어요. 기존 다다이스트들의 생각을 수정 및 발전해 만든 사조였지요.

▲ 앙드레 브르통

초현실주의의 시작을 선언한 프랑스의 비평가 앙드레 브르통은 초현실주의를 다음과 같이 정의했어요.

초현실주의란
이성에 의한 모든 통제가 부재하는,
미학적이고 도덕적인 모든 선입견에서 벗어난
사유의 받아쓰기이다.

브르통은 제1차 세계 대전 당시 병원에서 복무했는데, 정신 질환자들이 중얼거리는 말 속에서 의식의 자유로움을 느꼈다고 해요.

그래서 초현실주의자들은
인간의 무의식과 꿈의 세계를 주로 표현했습니다.

정신 분석학에서 영향을 받은 초현실주의자들은 연극, 시, 회화와 같은 예술에서도 무의식 속 예기치 않은 아름다움을 발견하는 것이 중요하다고 여겼어요. 또한 예술 작품을 창작할 때 자동기술법(automatism)을 통해 본능적으로 솟아오르는 심상을 그대로 기록하는 것이야말로 참되고 현실적이라고 생각했답니다.

초현실주의에 영향을 받은 유명한 화가로는 살바도르 달리를 꼽을 수 있어요. 달리는 스페인의 화가인데, 「기억의 지속」이라는 작품으로 유명해요. 여러분도 한 번쯤은 본 적 있는 작품일 거예요. 「기억의 지속」에는 시계가 흘러내리는 이미지가 표현되어 있어요. 시계가 흘러내린다니, 현실에서는 말도 안 되는 이야기지요?

▲ 살바도르 달리

이 밖에도 초현실주의 작가들의 여러 그림을 보면 도대체 현실에 존재하는 대상을 그린 것이 맞는지 의문스러울 거예요. 하늘에 뜬 커다란 바위, 빗방울처럼 허공에 떠오른 남자들, 낮인지 밤인지 알 수 없는 풍경…….

특히 벨기에의 화가 르네 마그리트가 그린 작품들을 보면 신기할 거예요. 상업 광고나 영화에 자주 패러디될 정도로 신선하고 흥미롭거든요. 이처럼 전혀 관련성이 없는 둘 이상의 소재를 한 화면에 조합해 시각적 충격과 재미를 선사하는 기법을 데페이즈망(dépaysement)이라고 해요.

또 다른 초현실주의 화가로는 호안 미로가 있어요. 미로는 스페인의 화가인데, 소박하고 순수한 비정형의 구성을 통해 어린아이가 그린 것처럼 순수하고 독창적인 추상화를 선보였어요. **추상화**는 '형상을 제거한다.'라는 뜻에 걸맞게 대상의 특징을 구체적으로 묘사하지 않고 점, 선, 면과 같이 가장 기본적인 조형 요소와 원리만으로 표현하는 장르입니다.

▲ 호안 미로

미로는 원근법이나 명암 등 전통적인 규칙을 모두 포기하고, 캔버스 위에서만큼은 다섯 살 아이 같은 상상력을 펼쳤어요. 미로의 작품은 시각 미술의 기존 규범을 완전히 거부한 극단적인 사례에 속해요.

▲「초현실주의 선언」(1924)에 함께 실린 프랑스 화가 로베르 들로네의 일러스트

미로는 가장 초현실주의적인 시각 언어를 만들어 냈지만 브르통이 제시한 초현실주의 운동 개념의 이론적 측면에는 관심이 없었어요. 규칙을 따르는 것 자체를 싫어했거든요. 미술을 이론적으로 해석하거나 단체에 소속되는 것도 거부했고요.

"캔버스 앞에 설 때
나는 자신이 무엇을 할지 전혀 알지 못합니다.
결과물에 나만큼 놀랄 사람도 없을 것입니다."
-호안 미로-

앞서 소개한 미로의 뜻과는 달리 오늘날 우리는 미로를 초현실주의의 대표 작가로 기억해요. 간혹 그의 작품 속에 동물이나 인물, 별과 달을 떠올리게 하는 형상이 등장하기도 하지만, 현실에서와 달리 캔버스 위에서는 자유롭게 왜곡된 모습으로 나타나지요.

누구나 빈 도화지 앞에서 망설여 본 경험이 있을 거예요. 그럴 때는 너무 고민하지 말고 무의식에 몸을 맡긴 채 일단 뭐라도 그려 보면 어떨까요? 가끔은 그렇게 그린 그림이 여러분의 진짜 모습을 담아낼 수도 있으니까요.

우리가 창의적인 아이디어를 떠올릴 때 자주 사용하는 브레인스토밍 기법이나 마인드맵 기법도 연상되는 단어들을 생각나는 대로 마구 써 내려가는 발상법이지요.

여러분도 맞춤법이나 문맥을 신경 쓰지 말고 머릿속에 떠오르는 대로 아무 말이나 쭉 써 보세요. 그리고 눈에 띄는 단어를 몇 가지 찾아 강제로 결합해 보세요. 무언가 새로운 시도가 탄생할지도 모르잖아요.

• 탐구 활동 

- 다다이즘과 초현실주의의 대표 작가와 작품 세계에 대해 살펴보고 간단히 소개해 보세요.
- 포토몽타주 또는 데페이즈망 기법이 활용된 작품을 감상하고 나의 생각과 느낌을 발표해 보세요.

step 1 성찰하기

♦ 다음 보기에서 한 가지 사례를 골라 '무지성'이 어떤 잘못된 생각과 감정을 불러오는지 이야기해 보세요.

보기

- 무지성 지지
- 역사 속 무지성
- 인터넷상에서 이루어지는 무지성
- 혐오와 차별을 담고 있는 언어 표현

♦ 앞서 찾은 사례를 바탕으로 시를 한 편 창작해 보세요.

- 기형도의 시 「홀린 사람」을 패러디해 창작해도 좋습니다.

step 2 자각하기

◆ 다음 보기에서 한 가지 주제를 고른 뒤 ㈎그 주제를 다룬 기사나 방송 등을 찾아보고, ㈏찾은 내용과 상반된 내용을 담은 기사나 방송 등도 함께 살펴보세요. 그런 뒤 ㈎, ㈏를 각각 정리해 보세요.

보기

난민, 이주 노동자, 노인, 여성, 남성, 정치, 종교, 장애인, 성 소수자

주제	예 난민
㈎	예 지진 이후 反난민 정신 확산되나 - 출처: 『융합일보』(2022. 6. 20.)
㈏	예 난민 수용 이후 일어난 변화에 대해 - 출처: 융합뉴스, 2022. 11. 15.

◆ 앞서 정리한 (가), (나)를 각각 분석하고, 사실인지 확인해 보세요.

❶ 다음을 참고해 정리한 내용에서 '사실'만 형광펜으로 표시해 보세요.

사실: 실제로 있었던 일. 참과 거짓을 확인할 수 있다.
진실: '거짓이 없는 사실'이라는 면에서 사실과 구분된다.
가치: '옳고 그름에 대한 주관적인 평가'라는 면에서 객관적인 사실과 다르다.

❷ 다음 '팩트 체크 학습지'를 작성하며 정리한 내용을 확인해 보세요.

(가)	팩트 체크
예 ○○○ 당의 대표 △△△는 지진 발생 지역을 방문해 "지진이 일어나자 난민들이 도시를 약탈하고 있다."라고 주장했다.	진실 / 거짓 / 사실 / 의견
	진실 / 거짓 / 사실 / 의견
	진실 / 거짓 / 사실 / 의견
	진실 / 거짓 / 사실 / 의견

(나)	팩트 체크
예 난민 수용이 이루어진 ○○○ 지역의 범죄 발생률을 조사한 결과, 난민 수용 이전과 이후에 큰 차이가 없었다.	진실 / 거짓 / 사실 / 의견
	진실 / 거짓 / 사실 / 의견
	진실 / 거짓 / 사실 / 의견
	진실 / 거짓 / 사실 / 의견
	진실 / 거짓 / 사실 / 의견

♦ (가), (나)에 각각 사실과 거짓, 사실과 의견이 얼마나 섞여 있는지 이야기해 보세요.

step 3 생각하기

♦ '무의식과 충동 속에서 꽃핀 미술'을 읽은 뒤 '낯설게 하기' 기법을 활용해 등굣길에서 마주하는 장면(인물, 풍경, 감정 등)을 사진으로 찍어 보세요.

- 낯설게하기: 친숙한 사물, 관념 등을 낯설게 해 새로운 느낌이 나도록 표현하는 기법이다.

♦ '무의식과 충동 속에서 꽃핀 미술'에 나오는 포토몽타주 기법을 활용해 등곳길 사진들로 나만의 작품을 만들어 보세요.

- 준비물: 사진 여러 장, 가위, 풀, 채색 도구 등

❶ 등곳길에 찍은 사진들을 준비한다.
❷ 즉흥적으로 떠오르는 느낌에 따라 사진들을 배열한다.
❸ 우연히 조합된 이미지를 오려 자유롭게 재조합한다.
❹ 원하는 부분을 채색하거나 장식한다.
❺ 완성된 작품에 제목을 붙이고 이야기를 만든다.
❻ 완성된 작품들을 모아 교실 뒤편에 전시한다.

♦ 교실에 전시된 친구들의 작품을 본 뒤 나의 감상을 메모하고, 각 작품 옆에 메모를 붙여 보세요.

♦ 친구들의 작품 중 가장 인상적인 작품을 고르고, 그 이유도 적어 보세요.

• 가장 인상적인 작품:

• 이유:

#가상과 현실

"현실만이 유일한 진짜이니까."

- 영화 〈레디 플레이어 원〉

가상과 현실이 하나로 녹아드는 과정에서 우리는 더 넓은 세상과 색다른 경험을 즐길 수 있어요. 하지만 가상과 현실의 경계가 모호해지며 생길 수 있는 문제도 무시할 수 없지요.
가상과 현실의 관계에 대해 생각해 보고, 더 나은 현실을 만들기 위한 새로운 가능성을 함께 탐색해 봅시다.

○ 가상 현실로 확장되는 미술 #미술

○ 메타버스에서의 결혼식 #지리

○ 상상이 현실이 되는 순간 #국어

○ 역사 속의 가상, 꿈과 현실 #역사

○ 가상이 가치를 지니기 위해서는 #사회

○ 나는 생각한다 고로 존재한다 #윤리

#미술 #가상과 현실

가상 현실로 확장되는 미술

예술은 시대를 반영하는 거울이라고들 합니다.

미술 작가들은 새로운 매체와 기술을 적극적으로 활용해 예술의 새로운 가능성을 탐구했고, 작품에 시대를 반영했어요.

대표적인 작가로 백남준을 꼽을 수 있습니다. 백남준은 우리나라 출신 예술가이자 비디오 아트의 창시자예요. 텔레비전 수상기 방송된 영상 전파를 받아 화상으로 바꾸는 장치이다. 속 움직이는 전자 이미지를 작품으로 만들었지요.

▲ 백남준

백남준은 "비디오가 언젠가는 캔버스를 대신할 것이다."라고 말한 적이 있다고 해요. 그의 예상대로 오늘날 미디어 아트의 재료와 기술은 무궁무진하게 확장되고 있답니다.

미디어 아트란 현대의 커뮤니케이션 수단인 대중 매체를 도입한 예술을 의미해요. 책, 영화, 텔레비전, 컴퓨터 등 대중에 파급 효과가 큰 의사소통 수단의 형태를 빌려 작품을 만들지요.

◀ 백남준, 「프리벨맨」

4차 산업 혁명 시대의 핵심 기술 중 하나로 급부상한 **가상 현실**(virtual reality) 컴퓨터를 이용해 인간의 상상을 현실처럼 구현한 가상 세계이다. 기술도 미술 창작과 소통의 수단으로 활용될 수 있겠지요?

여러분도 직접 VR 기기를 착용하고 가상 현실을 체험해 본 적이 있을 거예요. 가상 현실은 미술계에도 많은 변화를 가져오고 있어요. 가상 현실이 표현의 매체가 되며 창작 가능성이 확장되고 있거든요.

VR 기기를 착용하고 가상 공간으로 입장한 뒤, 원하는 브러시를 선택하고 몸을 움직이면 3차원 공간에 그림을 그릴 수 있어요. 나의 움직임이 3차원 공간 안에 내가 원하는 질감과 색상으로 남거든요. 브러시를 이용해 거듭해서 흔적을 쌓으면 공간 속에 3차원 이미지를 만들 수 있습니다.

가상 공간에서 도자기를 굽는 프로그램도 있어요. 역시 3차원 공간에서 물레나 손으로 흙을 다듬고 유약을 발라 원하는 색과 질감의 도자기를 만든 뒤 높은 온도에 구워 볼 수도 있다고 해요.

메타버스는
현실 세계와 융합·복합된 인터넷상의 3차원 가상 세계예요.

메타버스 안에서는 아바타가 나를 대신하기 때문에 아바타를 개성 있게 꾸미는 것이 중요해요. 또한 내가 디자인한 아바타 의상을 메타버스에서 판매할 수도 있고, 직접 쓴 각본을 토대로 아바타들끼리 연기해 웹 드라마를 제작할 수도 있어요. 이처럼 새롭게 탄생한 가상 현실 속에서 다양한 창작 활동을 하는 직업을 메타버스 크리에이터라고 해요.

코로나19 바이러스로 인해 사회적 거리 두기가 강화됨에 따라 오프라인 전시 행사가 줄줄이 취소된 적이 있었지요. 그러자 사람들은 오프라인을 대체할 공간으로 메타버스를 활용하기 시작했습니다. 가상 공간 내에 전시장을 건설하고 작품 이미지를 전시함으로써 가상의 전시장을 만들었어요.

관람객은 메타버스를 통해 시간과 장소에 구애받지 않고 전시장을 방문할 수 있어요. 많은 사람이 한꺼번에 모이더라도 누구의 방해도 받지 않고 작품을 고화질로 마음껏 감상할 수 있고요. 즉, 메타버스가 작품 전시 공간을 확장한 것입니다.

이뿐만 아니라 전시장 오픈 행사, 방명록 작성 등 관람객과의 실시간 상호 작용도 가능하고 전시장 구석구석을 다채롭게 꾸밀 수도 있어요.

가상 현실이 미술계에 영향을 미치며 나타난 또 다른 변화로
작품 거래 시장의 확장을 꼽을 수 있어요.

예를 들어 내가 우연히 찍어 인터넷에 올린 사진이
유명한 '짤 재미있거나 흥미를 끄는 사진을 말한다.'이 된다면 어떨까요?

그 '짤'이 유행이 되어 너도나도 사용하고, 이모티콘으로 만들어져 인기를 얻고, 드라마나 광고 소재로 사용되고, 책 표지에 쓰여 판매된다면?

디지털 이미지는 복제하거나 널리 퍼지기 쉽지만, 원본에 고유성을 부여하면 미술 작품의 원작과 같은 대체 불가능성과 희소성을 지닐 수 있겠지요.

바로 NFT(non-fungible tokens) 블록체인 기술을 적용한 디지털 토큰이다. 대부분 예술과 결합하는데, 해당하는 가상 자산의 원본성 및 소유권을 증명한다. 처럼 말이에요.

NFT는 '대체 불가능한 토큰'이라는 뜻이랍니다. NFT가 등장하자 디지털 이미지의 소유권을 사고팔기 위한 관심이 확대되기 시작했어요. 가상 화폐가 대체 가능한 것과 달리 NFT는 고유성과 희소성을 가지고 있기 때문이지요. 이는 원작의 가치를 높게 사는 미술 경매와 유사해요.

가상 자산 재테크에 대한 관심이 점차 높아지며 값비싼 예술 작품의 소유권을 분할해 가지는 분할 소유권 구매도 유행하고 있어요. 이는 조각 투자라고도 불려요. 예술 작품의 소유권을 조각낸 뒤 NFT를 발급하면 이를 구입하는 사람이 각자 그만큼의 소유권을 가지지요.

지금까지 작품 창작, 전시, 거래를 중심으로
가상 현실 기술이 발달함에 따라 확장되고 있는 미술의 특징을 살펴봤어요.

우리는 날이 갈수록 현실과 닮아 가는 가상 현실에서 실제와 비슷한 체험을 해요. 가상 현실은 우리가 사는 진짜 현실과 닮았지만, 만들어진 환경이라는 점에서 엄연히 현실과 달라요. 아직은 어색하게 느껴지는 점도 있고요.

가상 현실에서의 미술 역시 마찬가지입니다. 현실 세계의 미술을 완벽하게 대체하지 못한다는 등 다양한 측면에서 우려 섞인 시선을 보내는 사람들도 있지요.

창작자 또는 예술 향유자의 관점에서 바라볼 때 가상 현실과 진짜 현실에서의 체험은 서로 어떻게 다를까요?

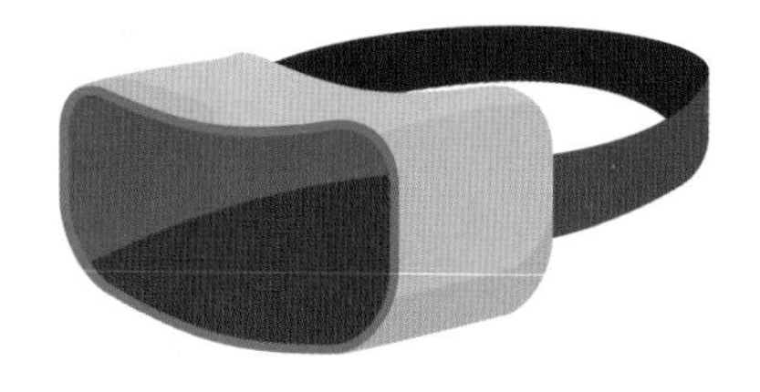

• 탐구 활동 

- **가상 현실과 실제 현실의 차이점에 대해 실제 사례를 들어 친구들과 함께 이야기해 보세요.**

  예 가상 현실을 통해 죽은 가족과 재회하는 내용의 다큐멘터리 방송, 메타버스 내 작품 전시 사례 등

- **앞서 살펴본 사례에서 보완할 점이 있다면 무엇일지 친구들과 논의한 뒤 발표해 보세요.**

#지리 #가상과 현실

메타버스에서의 결혼식

기술 발전이 시공간의 압축을 통해 예상치 못할 정도의 변화를 야기한 사례는 "라떼는 말이야……."라고 서두를 떼며 말하지 않아도 모두가 떠올릴 수 있을 거예요.

이제 우리는 점점 더 새로운 변화를 겪고 있으며
가상 공간은 실시간으로 확대되고 있어요.

2000년대 초만 하더라도 사이버 공간 또는 가상 세계는 부정적인 공간으로 인식되는 경우가 많았어요. 가수 서태지의 노래 〈인터넷 전쟁〉을 예로 들 수 있어요. 물론 이 노래는 가상 세계에서 벌어지는 명예 훼손, 성 착취 등을 가사에 담아 현재까지도 많은 사람의 공감을 받고 있지요.

하지만 20년 전과 비교할 때
지금의 가상 공간은 엄청나게 발전했고, 인식 또한 달라졌어요.

과거의 가상 공간은 주로 게임이나 커뮤니티 수준에서 자신을 표출하고 모임을 갖는 곳이었어요. 그런데 현재, 가상 공간 중 하나인 메타버스에서는 친목 도모뿐만 아니라 사회·경제 활동까지 다양하게 이루어지고 있습니다.

가상 공간을 통해 시공간을 극복하는 정도가 아니라
아예 **새로운 공간이 창조**되고 있어요.

가상 공간과 관련해 가상 부동산에 대한 투자 관련 뉴스가 흥미를 끌기도 하지요. 몇몇 가상 부동산 서비스 플랫폼은 사용자가 가상 부동산을 구입해 건물을 짓고 판매할 수 있는 부동산 서비스를 제공하고 있어요. 현재 가상 부동산의 안정성에 대한 우려가 있지만 MZ 세대를 중심으로 활발한 투자가 이루어지고 있다고 해요.

변화는 시작되었고,
우리 삶이 가상 공간으로까지 확대된 것은 분명해요.

우리 주변의 삶이 긍정적으로 변화되기를 희망하며 파도가 밀려가듯 새로운 세계로 나아갈 필요가 있습니다. 그럼, 가상 공간 속에서 펼쳐질 즐거운 일들을 상상해 볼까요?

지난 몇 년 동안 코로나19 바이러스의 확산으로 관혼상제와 같은 사회적 의례가 축소되었어요. 젊은 세대에게는 형식적인 행사에 참여하는 것이 시간 낭비라는 인식이 커졌지요. 특히 기존 결혼 문화가 허례허식을 중시하는 경향이 크다고 비판하며 그 대안으로 소규모 결혼을 택하는 사람들이 증가했어요.

기존 결혼식의 대안으로
메타버스에서 펼쳐질 결혼식을 상상해 볼까요?

가상 공간에서 진행되는 결혼식에서 하객 아바타들은 각자 가장 예쁜 옷을 입고 신랑과 신부를 축하해 주고 있어요. 축하 메시지를 작성하고 축하 영상을 직접 찍거나 축의금을 전달하기도 해요. 물론 축의금은 가상 화폐입니다.

피로연에 참석한 아바타들은 저마다 모여 신나게 춤을 추며 파티를 즐겨요. 신랑과 신부는 추후 실제로 방문할 신혼여행지를 메타버스에서 미리 찾아갈 수도 있어요. 우주로 신혼여행을 갈 수도 있겠지요. 물론 메타버스에서 말이에요.

현실과 달리 공간적 제약이 없는 메타버스에서는 현실보다 현저히 적은 비용으로 결혼식을 치를 수 있어요. 기존 결혼 문화에서 존재하는 불평등을 해소할 수 있고, 결혼식을 준비하고 치르는 과정에서 나타나기 쉬운 불협화음도 최소화하는 것이 가능하지요.

메타버스는 지리적 한계를 넘어 다양한 경험을 할 수 있는 매력적인 공간인 동시에 사회적 한계를 넘어 모두에게 평등한 공간이 될 수 있어요. 인간, 시간, 공간을 결합한 새로운 경험을 제공할 수 있어 사회적 약자들에게 표현과 창작의 공간이 될 수도 있고요.

가상 공간에 대한 우려도 다수 제기되고 있지만, 메타버스가 현실 세계보다 더 많은 확장성을 제공할 수 있다면 무한의 바다에 뛰어 들어갈 필요가 있지 않을까요?

예를 들어 메타버스에서 장애 인식 교육을 진행할 때, 개발자와 장애인 사용자가 함께 교육 내용을 구성할 수 있겠지요. 수강자는 메타버스에 마련된 공간에서 장애인의 시선을 따라 이동하며 사유하고, 장애에 대한 인식을 바꿀 수 있을 거예요.

메타버스가 현실에서 불평등으로 소외된 사람들을 따뜻하게 품어 줄 가상 공간이 되기를 희망해 봅니다.

● 탐구 활동

◦ 메타버스와 관련된 뉴스를 찾아보고, 현재 나의 주변에서 이루어지고 있는 활동 중 메타버스에서 진행할 수 있는 것이 있는지 살펴보세요.

#국어 #가상과 현실

상상이 현실이 되는 순간

여러분은 어떤 미래를 꿈꾸나요?

현실에서 하지 못하던 것을 실현할 수 있는
가상 현실에 대해 생각해 본 적이 있나요?

예를 들어 물리적으로 이동하지 않고도 유명 연예인과 홀로그램으로 같은 공간에서 만나 대화를 하는 순간이라든가 이미 사망한 사람을 가상 현실에서 만나 그동안 하고 싶었던 이야기를 하는 순간들을 말이에요.

또는 2022년 개봉한 영화 〈아바타: 물의 길〉에서처럼 죽은 사람의 기억을 데이터로 만든 뒤 산 사람의 몸에 이식하고 그 기억으로 살아갈 수 있다면 어떨까요?

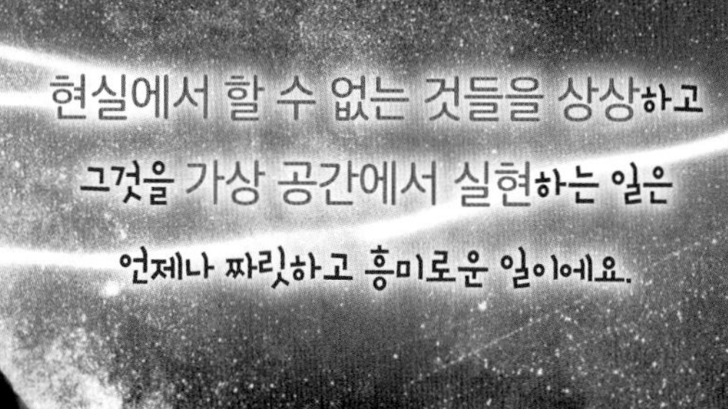

이미 우리는 실제로

수많은 상상이 현실로 바뀌는 모습을 보곤 했어요.

예를 들어 1968년 개봉한 영화 〈2001 스페이스 오디세이〉에 나온 작은 휴대용 단말기는 현실의 태블릿 PC가 되어 활발하게 쓰이고 있어요. 2002년 개봉한 영화 〈마이너리티 리포트〉에는 홍채 인식, 장갑을 끼고 허공에 화면을 띄워 컨트롤하는 기술 등이 나와요. 이와 유사한 기술들은 이미 상용화되어 있지요.

이뿐만 아니라 2020년 방영된 다큐멘터리 방송 〈너를 만났다〉에서는 혈액암으로 일곱 살에 세상을 떠난 나연이와 나연이의 어머니가 가상 현실 속에서 만나는 모습을 구현했어요. 이 장면은 많은 사람에게 감동을 줬지요.

이번에는 소설을 예로 들어 볼게요.

2017년 발표된 김초엽 작가의 「관내분실」이라는 단편 소설은 가상 현실을 통해 죽은 사람을 만나는 이야기를 다루고 있어요. 이 소설의 시간적 배경은 죽은 사람의 기억과 행동 패턴 등을 데이터로 저장해 도서관에 보관하고, 유족이 고인을 추모하기 위해 도서관에 오는 미래 사회랍니다.

주인공 지민은 임신한 상태인데, 3년 전 죽은 어머니를 추모하기 위해 도서관을 방문해요. 그곳에서 지민은 마치 어머니가 죽지도 사라지지도 못한 채 도서관 어딘가에 떠다니고 있다는 느낌을 받아요.

지민은 어머니의 마인드(데이터)를 검색하는 방법과 대책을 도서관에 문의해요. 도서관은 고인의 특별한 기억을 지닌 물건을 가져오면 그것을 스캐닝해서 고인을 검색하는 최신 기술이 있다는 사실을 알려 주지요. 그러자 지민은 오래전부터 소원해진 아버지를 찾아가고, 아버지는 지민에게 그녀의 어머니가 젊은 시절 직접 표지를 디자인한 책들을 줍니다.

지민은 그 책들을 이용해 도서관에 서 어머니의 데이터를 검색해요. 드디어 지민은 가상 현실 구현 헤드셋을 착용하고 마인드 접속 기계에 앉아 어머니를 만나지요. 그리고 자신을 아프게 한다는 이유로 미워하곤 했던 어머니에게 이제는 당신을 이해한다고 말해요. 어머니가 지민의 손을 잡아 주며 소설은 끝나고요.

한 인간의 뇌를 스캐닝한 뒤 데이터로 저장하고 나중에 그 기억과 다시 만나는 일, 더 나아가 인간의 기억을 데이터로 저장하고 다른 몸에 이식하는 일이 가능해질까요?

그런 세상은 어떤 세상일 것 같나요?

유한함을 극복하고자 하는 인간의 욕망을 상상력으로 풀어 나가는 이야기들이 참 흥미롭고 짜릿하기도 하지만, 한편으로는 비슷한 일들이 실현될 때 생기는 문제들이 걱정되지 않나요?

앞으로 우리는 가상 현실이 실제 현실이 되는 순간들을 수없이 겪으며 살아가겠지요. 동시에 우리 삶에 어떤 변화와 영향이 있을지 끊임없이 고민하고 상상해야 할 거예요.

SF 'sience fiction(과학 소설)'의 약칭인데, 과학적 사실에 상상력을 가미해 만든 이야기를 가리킨다. 전문 칼럼니스트 박상준은 20세기를 '과학 기술적 상상력만이 필요했던 시대'라고 하며 지금 우리가 사는 시대를 '성찰하는 과학 기술의 시대, 윤리적 상상력이 필요한 시대'라고 정의했어요.

앞서 살펴본 작품이나 방송 외에도 다양한 과학 이야기를 찾아 읽고, 친구들과 이야기를 나눠 봅시다. 읽고 이야기하는 경험을 통해 우리의 상상과 경험의 지평이 무한히 넓어질 수 있거든요.

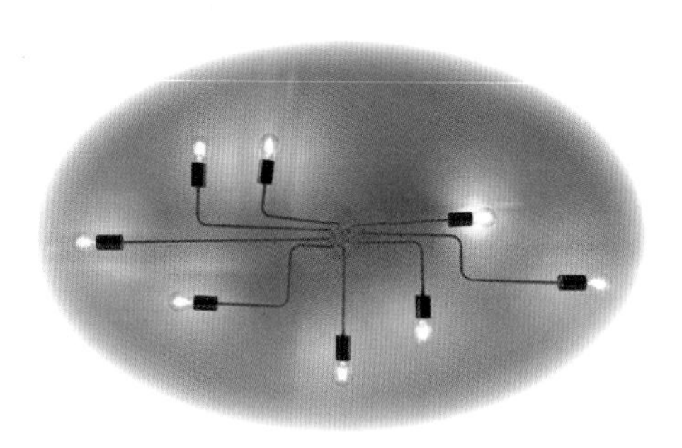

• 탐구 활동

◦ 사람의 기억, 경험 등을 데이터로 저장하는 기술이 상용화된 사회에서는 어떤 일들이 일어날지 생각해 보고, 친구들과 자유롭게 이야기해 보세요.

#역사 #가상과 현실

역사 속의 가상, 꿈과 현실

여러분, **가상**이 무엇인지 알고 있나요?

가상은 '거짓 가(假)'와 '생각 상(想)'이라는 한자로 이루어져 있어요. '보이지 않는 거짓 형상'을 뜻하지요. 그렇다면 가상 공간은 사람이 현실과 다른 무언가를 소망하며 꾸는 꿈을 반영하는 공간이라고 할 수 있겠네요. 이 공간이 만족스러운지 불만족스러운지에 따라 유토피아 또는 디스토피아로 나눌 수 있지 않을까요?

그런데 가상 현실은 오늘날 등장한 개념이 아니에요. 옛날 사람들도 가상을 꿈꿔 왔답니다. 예를 들어 옛 동아시아에서는 이상적인 가상 공간을 **무릉도원**이라고 불렀어요.

▼ 안견, 「몽유도원도」

안평 대군이 무릉도원에 대해 꾼 꿈을 화가 안견이 그린 작품이에요.

이제 조선 후기의 기록에서 가상을 꿈꾸던 모습을 찾아보려고 해요. 16~17세기 조선을 뒤흔든 거대한 두 변란 임진왜란(1592)과 병자호란(1636)을 말한다., 1670~71년에 걸친 대기근 경신대기근을 말한다. 이는 우리나라 역사상 가장 심한 기아 사태였다. 등……. 당시 고통스러운 현실 속에서 살던 그 시절 사람들은 고통이 없는 더 나은 삶을 바라며 가상을 꿈꿨을 거예요.

게다가 17세기 이전부터 사람들은 조선 왕조에 대한 불만을 조금씩 쌓아가고 있었어요. 그 불만은 다음에 제시한 두 글처럼 현실의 변화를 담은 꿈 또는 예언으로 나타났답니다.

> 계룡산 밑에 도읍할 땅이 있으니, 정(鄭) 씨가 나라를 세울 것이다. …… 다만 밝은 임금과 의로운 임금이 계속하여 나고, …… 크게 불교가 일어나고, 어진 정승과 지혜 있는 장수, 불사, 문인이 많아 왕국에 나서 한 시대의 예악을 빛나게 꾸미리니, 드물게 보는 일이로다. 드물게 보는 일이로다.
>
> -『정감록』

> 정씨 진인은 조선에서 태어나 10세 전에 바다 가운데 있는 신도(新島)로 피신해 숨었다. …… 홍경래는 진인의 명령을 받아 도원수로서 오는 3월에 동시에 기병해 올 것이다.
>
> -『관서평란록』

이전부터 이어져 온 불만에 재해와 전란이라는 경험까지 더해지자 사람들은 조선이 아닌 새로운 나라를 상상하기 시작했어요. 그 상상을 담은 대표적인 책이 바로 『정감록』이에요. 정 씨 성을 지닌 사람이 왕위에 올라 좋은 나라를 새롭게 세운다는 내용이지요.

『정감록』은 조선 후기에 많은 영향을 주었어요. 19세기 초, 조선을 뒤흔든 홍경래의 난도 이처럼 작은 소망에서 시작되었거든요.

가상을 꿈꾼 또 다른 사례로
조선 후기의 미륵 신앙이 있어요.

미륵 신앙은 불교의 미륵불을 믿는 신앙이에요. 미륵불은 도솔천 불교의 이상 세계이다. 에 머무는 보살인데, 석가모니가 열반한 지 56억 7천만 년 이후 현세에 나타나 중생을 교화하고 진리에 눈뜨게 한다고 해요. 사람들은 점차 미륵불을 신앙의 대상으로 여겼어요. 큰 사건이 일어나기 전 미륵불상에서 땀이 난다는 표현의 어원이 되거나 부패한 정치 권력에 저항할 때 이용되기도 했답니다.

▲ 금동 미륵보살 반가 사유상
(국립중앙박물관)

미륵 신앙을 이용해 혼란을 일으킨 사람들도 있었어요. 조선 왕조실록에 기록된 다음 사례를 살펴볼게요.

지난번 해서(海西, 황해도)에 미륵불(彌勒佛)이라고 일컫는 자가 있었으므로 어사(御史, 관리)를 보내어 법으로 다스렸었다. 이단(異端)을 물리치는 방도에 있어 전례에 따라 샅샅이 조사할 수 없으니, 빨리 형벌에 처하라.

-『조선왕조실록』

가상을 꿈꿨던 것은 조선 후기뿐만이 아니었어요.

중국에서는 국가가 혼란에 빠졌을 때, 이상 세계를 내세우는 여러 종교가 일어나거나 이상향과 관련된 학문이 나타났어요. 여러분이 잘 아는 삼국지의 태평도, 제자백가의 학문 등이 대표적이에요. 원나라 말기에는 백련교, 청나라 말기에는 배상제회라는 신흥 종교가 일어나기도 했어요.

유럽에서도 마찬가지였습니다. 프랑스의 혁명가 프랑수아노엘 바뵈프는 부르주아 혁명에 저항하며 이상을 실현하기 위해 애썼어요. 영국의 사상가 토머스 모어는 르네상스 시기에 이상 세계를 가정하고 『유토피아』라는 책을 썼고요. 이 외에도 역사적으로 비슷한 사례가 아주 많답니다. 이들은 모두 현실의 괴로움을 피하거나 극복하기 위해 거짓 세상, 즉 가상을 꿈꾸고 실현하고자 했어요.

▲『유토피아』 초판본(1516)의 목판화

가상 세계는 예전부터 존재했지만 눈에 훤히 보이지는 않았어요. 하지만 앞으로의 세상에서는 눈에 보이는 가상 세계가 나타날 거예요.

과학 기술이 발전할수록 현실과 완전히 같지는 않아도 거리와 시간을 넘어 서로 만날 수 있는 세상이 되겠지요. 하지만 반대의 경우도 생각해 보면 좋을 것 같아요. 혹시 현실이 힘들어 가상에 의존하고 있지는 않은지 말이에요.

• 탐구 활동

◦ 가상 세계를 추구한 인물을 역사 속에서 찾고, 그 또는 그들이 가상 세계를 꿈꾼 이유가 무엇일지 생각해 보세요.

#사회 #가상과 현실

가상이 가치를 지니기 위해서는

여러분, 아이스크림 메로나가 무슨 맛인지 아시나요?

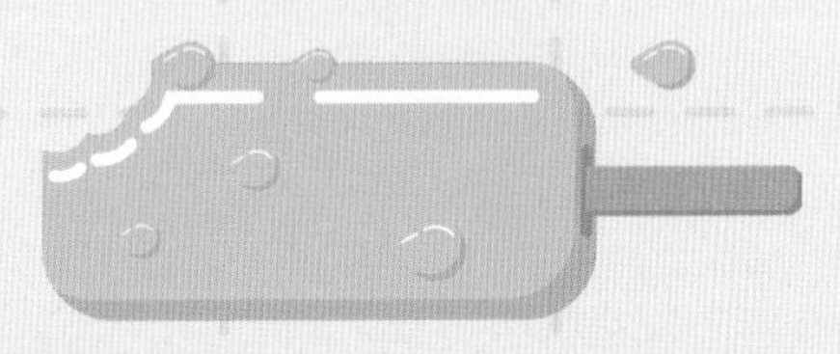

당연히 과일 멜론 맛이라고 생각하는 사람이 많을 거예요. 그런데 최초의 메로나는 멜론 맛이 아니라 참외 맛을 바탕으로 만들어졌다고 해요.

처음 메로나를 만들 당시 멜론은 아직 우리나라 사람들에게 익숙하지 않은 과일이었어요. 따라서 익숙한 참외 맛을 바탕으로 메로나를 만들었다고 합니다. 하지만 메로나를 먹은 사람들은 메로나를 참외 맛이 아닌 멜론 맛이라고 생각하며 먹었겠지요. 즉, 메로나에서 느낀 가상의 멜론 맛이 현실의 멜론 맛을 대신한 것입니다.

메로나뿐만이 아니에요. 원래 음식이 지닌 맛과 향을 흉내 낸 딸기 맛 우유, 게맛살 같은 음식도 가상의 맛이 원래의 맛을 대신한 상품이에요.

2009년 법률이 개정된 뒤 해당 재료를 넣지 않으면
제품명에 해당 재료의 이름을 쓸 수 없어요.
그래서 딸기우유에는 딸기 추출물이 일부 들어가지요.

이처럼 우리가 사는 현대 사회에서는
가상이 현실을 대체하는 현상이 나타나고 있어요.

프랑스의 철학자 장 보드리야르는 이를 시뮬라크르(simulacre)라는 개념으로 설명했습니다. 시뮬라크르란 실제로 존재하지 않는 무언가를 마치 존재하는 것처럼 만든 인공물을 뜻해요. 때로는 존재하는 것보다 더 실재처럼 인식되는 대체물을 가리키지요.

▲ 장 보드리야르

보드리야르가 말한 시뮬라크르는 원본이 아닌 복제를 의미합니다. 그런데 이 복제인 시뮬라크르는 원본이 존재하지 않는 복제예요. 복제가 계속 반복되면 원본과 관계없는 복제가 만들어져요. 우리는 점점 복제를 실제처럼 여기고, 결국 복제가 실제를 대신하지요.

우리의 경제생활에서도 비슷한 현상이 나타나고 있어요.

요즘 물건을 구매할 때 대부분 카드를 사용하고, 현금을 내는 경우는 드물지요? 게다가 이제는 실물 카드마저 모바일 결제, 애플 페이와 같은 NFC 방식 또는 삼성 페이와 같은 MST 방식으로 대체되고 있어요.

우리가 물건이나 서비스의 값을 지불할 때 사용하는 화폐는 이미 실제 화폐가 아니라 가상의 숫자로 바뀐 지 오래됐어요. 그러다 보니 '코인'이라는 가상 화폐가 나타났을 때, 기존 화폐와 가상 화폐는 서로 차이가 거의 없으며 가상 화폐가 기존 화폐를 대체할 것이라고 주장하는 사람들도 있었어요.

그런데 지금은 어떻게 되었나요? 기존 화폐는 가치를 잃지 않은 채 그대로 쓰이고, 가상 화폐를 이용한 지불 방식은 대중화되지 않았어요. 왜 그럴까요?

멜론 맛 아이스크림, 딸기 맛 우유, 게맛살이 그 이름으로 팔릴 수 있는 이유는 그것이 '멜론 맛', '딸기 맛', '게살 맛'이라는 믿음과 **그 믿음에 대한 사회적 합의가 존재**하기 때문이에요.

가상 화폐가 일반적인 지불 수단이 되려면 사회적으로 그 가치에 대한 믿음이 있어야 해요. 하지만 현재는 가상 화폐의 지나친 변동성, 가상 화폐를 이용한 사기 사건 등으로 인해 가상 화폐의 가치에 대한 사회적 믿음이 약한 상황이에요.

지금 우리가 쓰고 있는 화폐는 정부가 발행했고, 우리의 경제 체계 아래서 실제 화폐가 아니라 숫자로 돈이 왔다 갔다 해도 그것이 실제 화폐와 같은 가치라는 믿음이 있어요. 하지만 가상 화폐는 그렇지 않기 때문에 지금 우리가 쓰고 있는 화폐를 대체하지 못해요.

최근에는 세계 여러 정부가 직접 법정 디지털 화폐 발행을 검토하고 있다고 해요. 하지만 정부가 발행하는 디지털 화폐가 일반화된다고 해도 가치에 대한 믿음이 보장되지 않는 이상, 가상 화폐가 지불 수단으로서 가치를 지니기는 쉽지 않을 거예요.

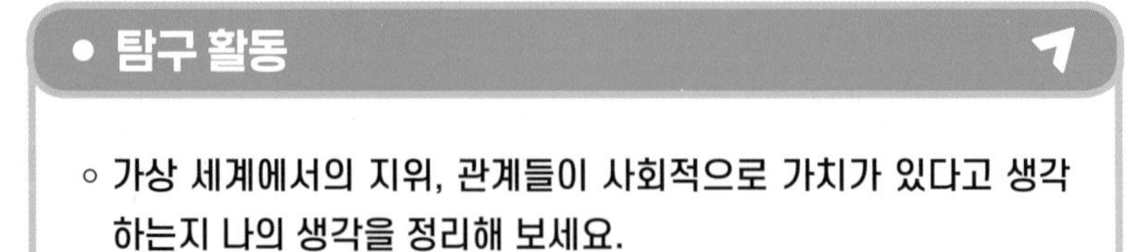

• 탐구 활동

◦ 가상 세계에서의 지위, 관계들이 사회적으로 가치가 있다고 생각하는지 나의 생각을 정리해 보세요.

#윤리 #가상과 현실

나는 생각한다 고로 존재한다

우리는 꿈과 현실을 구분할 수 있을까요? 너무나 생생했는데 일어나 보니 꿈이어서 아쉬웠다거나 꿈이어서 너무 다행이라고 생각한 적이 있나요? 아니면 눈에 보이는 것들이 정말 존재하는지 때때로 의심한 적은 없었나요?

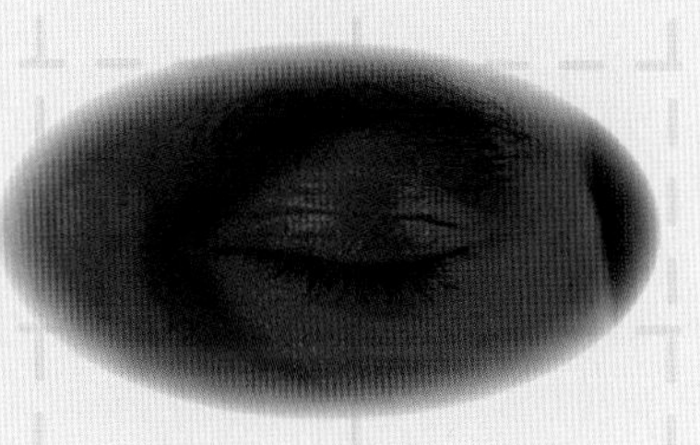

어쩌면 우리는 가상 세계에 살고 있으면서 실제 세계에 살고 있다고 착각하는 것은 아닐까요?

이와 비슷한 생각에 바탕을 두고 만들어진 작품이 바로 영화 〈매트릭스〉입니다.

〈매트릭스〉에서 인간은 캡슐에 담긴 배양액에서 태어나고 죽습니다. 마치 태아가 어머니의 자궁에 있는 것처럼 배양액에 잠겨 있는 인간은 기계의 에너지원으로 사육되고 있어요. 그런데 인간은 자신이 어떤 처지에 처해 있는지, 그 현실이 얼마나 비참한지 전혀 모릅니다.

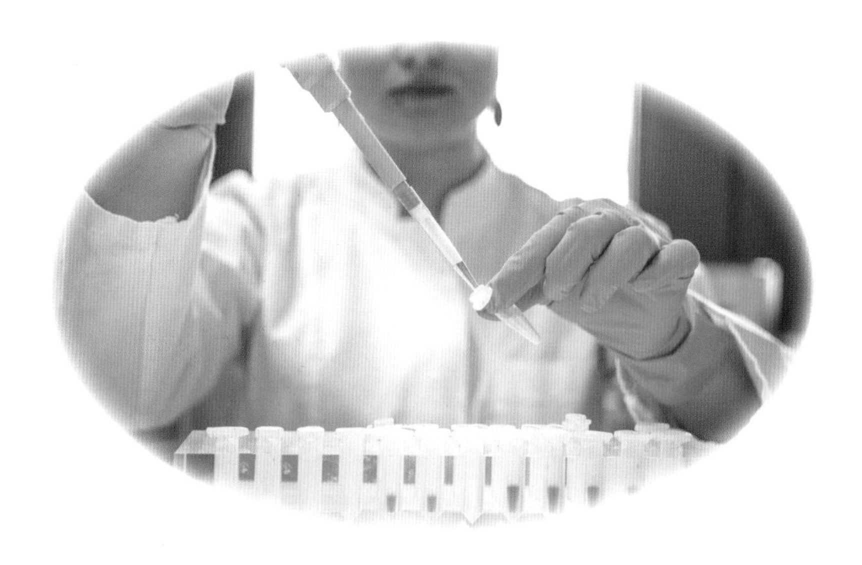

배양액 속 인간들은 슈퍼컴퓨터가 만들어 낸, 현실보다 더 현실 같은 가상 세계 안에서 희로애락을 느끼며 하루하루 살아가고 있었어요. 그 세계가 바로 매트릭스이지요.

하지만 매트릭스에서 사는 사람들은 자신은 물론 가족과 친구, 지인 그리고 여태까지 겪었던 모든 일이 한낱 가상에 불과하다는 것을 알지 못해요. 마치 게임 세계의 아바타들이 자신이 아바타에 불과하다는 것을 알지 못하는 것처럼 말이에요.

〈매트릭스〉의 세계관에 영향을 준 사상가가 있어요. 프랑스 출신의 근대 서양 철학자이자 수학자 르네 데카르트입니다. 여러분은 데카르트가 남긴 가장 유명한 말이 무엇인지 알고 있나요?

▲ 르네 데카르트

"나는 생각한다. 고로 존재한다."

이때 '나는 생각한다.'를 '나는 의심한다.'라고 바꾸면
그 뜻이 더 분명해져요.

데카르트는 자신이 눈으로 보는 것, 귀로 듣는 것 등 감각으로 경험하는 모든 것을 의심해야 한다고 말합니다. 우리의 감각은 믿을 수 없는 것이기 때문이지요. 또한 그는 다음과 같이 이야기했어요.

"하늘, 공기, 땅, 빛깔, 모양, 소리 및 모든 외적인 것은 악한 영이 내 쉽사리 믿는 마음을 움켜쥐기 위해 사용하는 환영이요 속임수일 따름이라고 생각하련다. 또 나 자신은 손도 없고 눈도 없고 살도 없고 피도 없고 아무 감각 기관도 없고, 다만 잘못해 이 모든 것을 가지고 있다고 생각하는 것이라고 생각하련다."

데카르트의 말을 〈매트릭스〉에 적용해 볼까요?

모든 환영과 속임수를 만들어 내는 '악한 영'은 가상 세계를 설계하고 운영하는 슈퍼컴퓨터라고 할 수 있을 거예요.

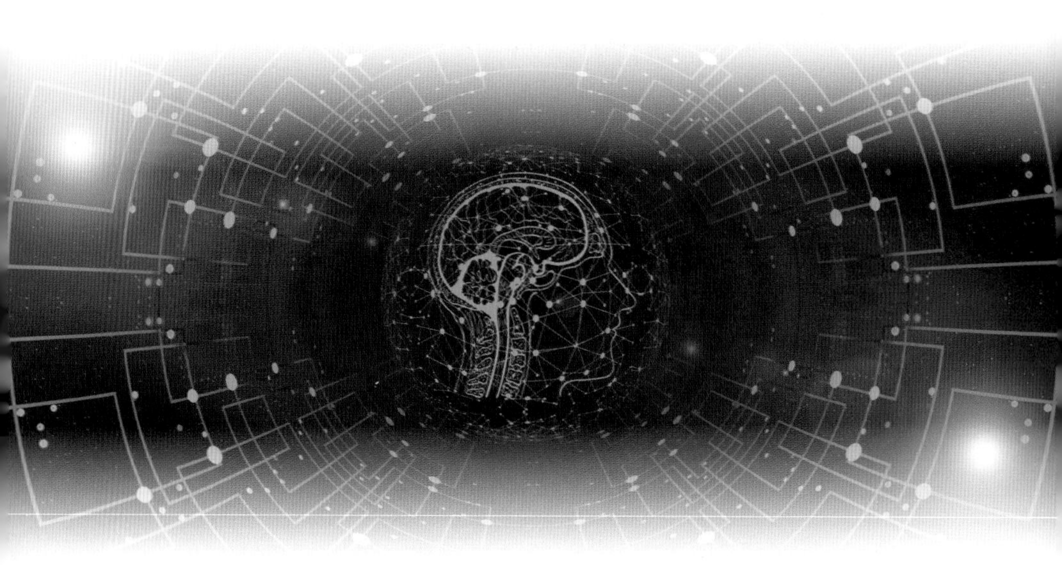

이 모든 것이 환영이자 속임수라는 것을 아는 '나 자신'은 가상을 실제라고 믿고 사는 사람들 속에서 자꾸만 의심하고 현실 세계를 찾아내는 주인공 네오와 주인공의 조력자 모피어스 등일 테고요.

데카르트는 깨어 있는 것과 잠들어 있는 것을 확실히 구별할 수 있는 표적 목표로 삼는 물건을 뜻한다. 이 없음을 종종 느끼고 놀랐다는 고백을 합니다. 그는 왜 이렇게까지 모든 것을 의심했을까요? 바로 확실한 진리를 찾기 위해서였어요.

데카르트는 우선 모든 것을 의심했어요. 자신이 몸으로 직접 느끼는 감각뿐만 아니라 눈에 보이는 모든 사물도 진짜가 아닐 수 있다고 생각했지요.

이렇게 의심 많은 데카르트가 다행히 확실한 한 가지를 발견합니다.
바로 **의심하고 있는 나**입니다.

무언가를 의심하기 위해서는 의심하는 주체가 있어야 해요. 다른 것이 모두 가상이라고 해도 의심하고 있는 누군가 한 명은 확실히 존재해야 의심도 가능하니까요. 예를 들어 우리가 꿈을 꿀 때, 꿈속 세상이 모두 가상이라고 하더라도 그 꿈을 꾸는 누군가가 존재하기에 꿈 자체를 꿀 수 있다는 뜻이에요.

즉, 데카르트는 **"나는 생각(의심)한다. 고로 존재한다."**라는 명제야말로 철학의 제1원리라고 이야기했어요. '생각하는 나'야말로 모든 것을 존재할 수 있게 하는 원천이 돼요. 생각이 존재를 지배하는 것이지요.

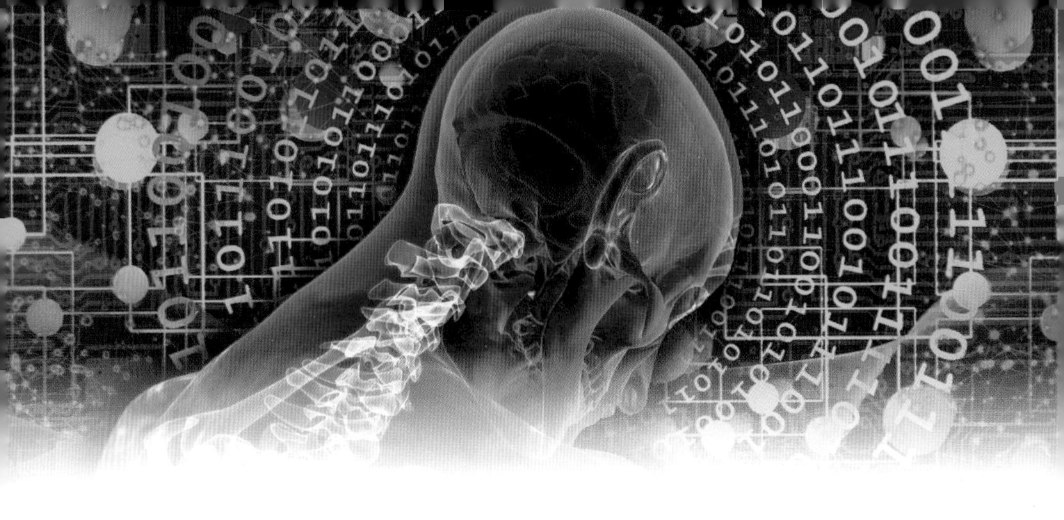

〈매트릭스〉에서 데카르트의 생각을 인상적으로 보여 주는 대목이 있어요. 바로 네오가 각성한 뒤 자신의 생각대로 사물들을 움직이는 장면이지요.

네오는 자신의 신체 능력을 극도로 끌어올려 총알보다 빠른 속도로 몸을 움직여요. 네오의 생각이 매트릭스에 존재하는 모든 사물의 법칙을 지배하는 경지에 이르렀거든요.

우리가 사는 세계가 가상이든 현실이든
세계를 인식하는 나는 분명히 존재해요.
그리고 그 세계는 사람마다 다를 수 있어요.

여러분은 어떻게 생각하나요? 이번에는 우리 삶에 대입해서 생각해 볼까요? 학생은 대개 학교에 가고, 같은 반 친구들과 어울리지요.

그런데 같은 교실에 함께 모여 있다고 해서
나와 친구들이 같은 세계를 살고 있을까요?

우리는 막연히 서로 같은 곳에서 산다고 생각할 뿐
사실은 각자 다른 가상 세계에서 살아가고 있는 것은 아닐까요?

• 탐구 활동

◦ 내가 즐겨 찾는 가상 공간은 어디인지, 그곳에서 나는 어떤 정체성을 지니고 있는지 적어 보세요. 현실에서의 나와 가상 공간에서의 나는 어떻게 다른지도 비교해 보세요.

step 1 생각하기

◆ 다음 절차에 따라 활동하며 현실의 문제를 해결하기 위해 '가상'을 어떻게 활용할 수 있는지 고민해 보세요.

❶ 사회 문제 또는 내가 생활 속에서 직접 겪은 문제 중 하나를 골라 보세요.

❷ 내가 고른 문제의 원인, 현황, 영향, 관련 요인 등을 자유롭게 조사해 보세요.

문제 원인	
문제 현황	
문제의 영향	
문제 관련 요인	

❷ 조사한 내용을 바탕으로 문제를 해결하거나 완화하기 위해 '가상'을 어떻게 활용할 수 있을지 이야기해 보세요.

step 2 상상하기

♦ step 1에서 활동한 내용을 바탕으로 다음 절차에 따라 나만의 SF 소설을 구상해 보세요.

혹시 소설을 구상하기 힘들다면 Chat GPT와 같은 인공 지능을 활용해 도 좋아요. 우선 여러분이 어떤 내용의 소설을 쓸 것인지 간단히 정리해 보세요. 그런 다음 인공 지능에게 여러분이 쓴 내용을 바탕으로 SF 소설의 줄거리를 써 달라고 요청하세요. 여러분은 인공 지능이 작성한 내용을 참고하거나 좀 더 확장해 이야기를 풍부하게 만들어 보세요.

❶ 어떤 인물이 등장하면 좋을지 생각해 보세요. 인물 설정은 자세할수록 좋아요.

주요 인물	예 데커드: 40대 남성. 전직 형사. 도망친 인조 인간들을 잡아들인다. 항상 레인코트를 입고 다닌다.
주변 인물	예 타이렐: 70대 남성. 천재이자 괴짜 과학자. 인조 인간을 창조한 뒤 노예처럼 부린다.

❷ 내가 구상한 '가상'과 관련해 인물들이 처한 상황을 상상해 보세요.

❸ 앞서 설정한 인물과 상황을 조합해 SF 소설의 줄거리를 작성해 보세요.

step 3 해결하기

◆ 다음 질문에 답하며 step 2에서 구상한 SF 소설 속 '가상'에 대해 고민해 보세요.

❶ 내가 설정한 '가상'이 구체적으로 와 닿았나요?

❷ 내가 설정한 '가상'의 가치는 무엇이라고 생각하나요?

❸ 내가 설정한 '가상'에 필요한 사회적 합의는 무엇인가요?

❹ 내가 설정한 '가상'이 현실이 아니기에 고민했던 지점은 무엇인가요?

❺ 내가 설정한 '가상'이 실현된다면 어떤 문제들이 발생할 수 있을까요?

❻ ❺번에서 답한 문제들을 해결하려면 어떻게 해야 할까요?

• 사진 제공처

1. 파편화

Unsplash 11쪽, 12쪽, 13쪽, 14쪽, 15쪽, 16쪽, 24쪽, 25쪽, 29쪽
Pixabay 26쪽, 27쪽, 28쪽, 31쪽, 32쪽, 33쪽, 34쪽, 35쪽
위키백과 20쪽, 22쪽(주나라 무왕, 강태공), 23쪽(포사), 37쪽(나전 흑칠 산수문 서함)
위키미디어 공용 36쪽, 37쪽
공유마당 19쪽(우정, 최문석, https://gongu.copyright.or.kr/gongu/wrt/wrt/view.do?wrtSn=13049605&menuNo=200018, CC BY/62년도 실력고사, 한국정책방송원, https://gongu.copyright.or.kr/gongu/wrt/wrt/view.do?wrtSn=13071202&menuNo=200018, 공공누리 제1유형)
국립중앙박물관 38쪽(칠기 합, 나전 수복 용문 경대)
Pexels 18쪽
123RF 10쪽

2. 기생충

Unsplash 49쪽, 53쪽, 55쪽, 56쪽, 57쪽, 58쪽, 59쪽, 60쪽, 61쪽, 62쪽, 63쪽, 64쪽, 70쪽, 73쪽, 75쪽
Pixabay 47쪽, 48쪽, 53쪽, 55쪽, 69쪽, 72쪽, 73쪽
공유마당 51쪽(벽지, 한국저작권위원회, https://gongu.copyright.or.kr/gongu/wrt/wrt/view.do?wrtSn=13212151&menuNo=200018, CC BY), 65쪽(노상현알, 김득신, https://gongu.copyright.or.kr/gongu/wrt/wrt/view.do?wrtSn=13216330&menuNo=200018), CC BY, 66쪽(고종황제어진, 채용신, https://gongu.copyright.or.kr/gongu/wrt/wrt/view.do?wrtSn=13269205&menuNo=200018, CC BY), 68쪽(BK한국전쟁_전단(유인물) 139_1210_뒤, 한국저작권위원회, https://gongu.copyright.or.kr/gongu/wrt/wrt/view.do?wrtSn=13158597&menuNo=200018, CC BY/BK한국전쟁_전단(유인물) 095_1140_앞, 한국저작권위원회, https://gongu.copyright.or.kr/gongu/wrt/wrt/view.do?wrtSn=13158553&menuNo=200018, CC BY)
위키백과 46쪽(이마누엘 칸트), 52쪽(새뮤얼 모스), 67쪽(당시 조선 총독부 건물)
국립고궁박물관 66쪽(고종황제와 순종 사진, https://www.gogung.go.kr/gogung/pgm/psgudMng/view.do?menuNo=800065&psgudSn=365211, 공공누리 제1유형)
Freepik 63쪽(작가 storyset, https://kr.freepik.com/free-vector/exams-concept-illustration_7407443.htm#query=%EC%8B%9C%ED%97%98&position=27&from_view=search&track=sph)
123RF 50쪽

3. 능력주의

Unsplash 82쪽, 85쪽, 88쪽, 90쪽, 93쪽, 94쪽, 95쪽, 97쪽, 98쪽, 99쪽, 103쪽, 106쪽, 117쪽, 118쪽, 119쪽
Pixabay 83쪽, 84쪽, 85쪽, 87쪽, 91쪽, 114쪽, 115쪽
위키미디어 공용 105쪽(세종대왕릉), 107쪽, 108쪽(에두아르 마네), 109쪽(풀밭 위의 점심 식사), 112쪽
위키백과 102쪽(『회본태합기』의 명량 해전도, 『정왜기공도권』의 노량 해전도), 104쪽(장영실, 세종), 111쪽(인상, 해돋이), 112쪽(수련, 빈센트 반 고흐), 113쪽(에른스트 곰브리치)
Flaticon 89쪽(https://www.flaticon.com/free-icon/dragon_2119228?term=dragon&page=1&position=9&origin=search&related_id=2119228), 92쪽(https://www.flaticon.com/free-icon/house_4413866?term=gated+community&page=1&position=3&origin=search&related_id=4413866)
Pexels 96쪽, 97쪽
123RF 89쪽, 116쪽
공유마당 101쪽(이순신 장군 동상 앞에서 펼쳐지고 있는 강강수월래, 한국정책방송원, https://gongu.copyright.or.kr/gongu/wrt/wrt/view.do?wrtSn=13071723&menuNo=200018, 공공누리 제1유형)
ght.or.kr/gongu/wrt/wrt/view.do?wrtSn=13071723&menuNo=200018, 공공누리 제1유형)
국가문화유산포털 104쪽(창경궁 자격루 누기, https://www.heritage.go.kr/heri/cul/culSelectDetail.

do;jsessionid=2JeoJf0wlrg1vn1TTp5pL8RuACCD7aL2kMJ9BUYQiRVQ6qExn6tspbviMbBp7suh.cpawas_servlet_engine1?pageNo=1_1_2_0&culPageNo=1®ion=2&searchCondition=%EC%B0%BD%EA%B2%BD%EA%B6%81+%EC%9E%90%EA%B2%A9%EB%A3%A8&searchCondition2=&ccbaKdcd=11&ccbaAsno=02290000&ccbaCtcd=11&ccbaCpno=1111102290000&ccbaCndt=&ccbaLcto=&stCc, 공공누리 제1유형)
국립중앙박물관 100쪽(함경도 지방의 과거 시험, 한시각, https://www.museum.go.kr/site/main/relic/search/view?relicId=1324, 공공누리 제1유형)
Freepik 96쪽

4. 거리두기

Unsplash 126쪽, 129쪽, 130쪽, 131쪽, 132쪽, 133쪽, 135쪽, 137쪽, 138쪽, 139쪽(장바구니, 친환경 빨대, 플로깅), 140쪽, 144쪽, 146쪽, 147쪽, 148쪽, 149쪽, 151쪽, 152쪽, 153쪽, 154쪽, 155쪽, 156쪽, 157쪽
Pixabay 136쪽, 138쪽, 145쪽
공유마당 132쪽(인권옹호주간, 한국정책방송원, https://gongu.copyright.or.kr/gongu/wrt/wrt/view.do?wrtSn=13070871&menuNo=200018, 공공누리 제1유형), 134쪽(교육_아이콘_문구,사무용품_저울_012, 한국저작권위원회, https://gongu.copyright.or.kr/gongu/wrt/wrt/view.do?wrtSn=13296851&menuNo=200018, CC BY)
위키백과 149쪽, 150쪽(소크라테스)
위키미디어 공용 128쪽
Pexels 131쪽
123RF 134쪽

5. 무지성

Unsplash 164쪽, 165쪽, 168쪽, 170쪽, 176쪽, 180쪽, 182쪽, 184쪽, 186쪽, 187쪽, 188쪽, 189쪽, 190쪽(스마트폰으로 날씨를 알아보는 모습), 192쪽, 195쪽, 199쪽, 204쪽
위키백과 165쪽(노자), 168쪽(아돌프 아이히만), 169쪽(학살된 유럽 유대인을 위한 기념물), 171쪽(간토 대지진 당시 쓰러진 서양식 전망대), 172쪽(탑골 공원에 있는 3·1 운동 서판), 173쪽(사이토 마코토, 1923년 9월 10일자 『매일신보』), 190쪽(현대에도 기우제를 지내는 모습), 194쪽(리하르트 휠젠베크, 트리스탕 차라), 195쪽(앙드레 브르통), 196쪽(살바도르 달리), 197쪽(호안 미로, 로베르 들로네의 일러스트)
Pixabay 166쪽, 168쪽, 172쪽, 177쪽, 178쪽, 184쪽, 188쪽, 191쪽, 193쪽
123RF 167쪽, 179쪽, 181쪽, 183쪽, 185쪽, 186쪽, 191쪽, 198쪽, 204쪽
위키미디어 공용 175쪽(영아 학살), 193쪽

6. 가상과 현실

Unsplash 213쪽, 215쪽, 216쪽, 217쪽, 218쪽, 221쪽, 222쪽, 223쪽, 224쪽, 226쪽, 229쪽, 230쪽, 232쪽, 233쪽, 235쪽, 236쪽, 237쪽, 238쪽, 239쪽, 240쪽, 241쪽
Pixabay 209쪽, 210쪽, 211쪽, 219쪽, 220쪽, 230쪽, 238쪽, 239쪽, 240쪽
위키백과 208쪽(백남준), 209쪽(프리벨맨), 211쪽, 225쪽(몽유도원도), 227쪽(금동 미륵보살 반가 사유상), 237쪽(르네 데카르트)
123RF 211쪽, 214쪽, 216쪽, 221쪽, 234쪽
위키미디어 공용 211쪽, 228쪽(『유토피아』 초판본의 목판화), 231쪽(장 보드리야르)

배경 및 디자인 요소를 제외하고, 제공처를 명시하지 않은 사진은 출판사 또는 지은이의 소유입니다.

MEMO